世界のエリートの「失敗力」

彼らが〈最悪の経験〉から得たものとは

Chie Sato
佐藤　智恵

PHP
Business Shinsho

PHPビジネス新書

はじめに

一流のグローバル組織では、失敗した人が高く評価される。手痛い失敗を経験して、はじめて世界のエリートになれる。この意外な事実を初めて知ったのは、今から十五年前にアメリカの経営大学院を受験したときだ。

ハーバード大学やスタンフォード大学などの経営大学院を受験する際には、TOEFL、GMATといったテストの点数などとともに課題エッセイを提出しなければならないが、実は、この課題エッセイが合否を決める重要な要素と言われている。

課題エッセイのテーマは各校さまざまだが、「将来の目標」「仕事で達成したこと」などと並んでよく出題されるのが、「失敗体験」だ。

英語では「Failure Essay Questions」（失敗設問）と言われるもので、どんな失敗をしたか、その体験から何を学んだかについて、具体的に書くことが求められる。毎年どこかの大学院で必ず出題されるので、受験生は自分の人生やキャリアを振り返って、経営大学院が評価するような失敗体験を用意しておかなくてはならない。

なぜ成功ではなく、あえて失敗した体験を聞くのか。その理由が分かったのは、自分がコロンビア大学経営大学院の面接官を務めるようになってからである。

書類選考に合格した申し分のない経歴の人たちをなぜわざわざ面接するかといえば、最終的に合否を分けるのが、将来のリーダーとしての人格だからだ。大学院側は、「人となり」を面接官に見て欲しいのである。

英語のスキルは努力すれば身につけられるし、受け答えのしかたも訓練すればそつなくこなせるようになる。しかし、人格は努力で簡単に身につけられるものではない。人は、成功を語るときは自信たっぷりになるし、失敗を語るときは謙虚になる。どちらが深くその人のことを理解できるかというと、失敗を語るときだ。恥ずかしい体験やつらかった体験を語るとき、人格そのものがにじみ出る。

この人が世界のリーダー候補としてふさわしいか。

それを決めるのは、失敗からどう立ち直ってきたかである。


自分が受験したときのことに話を戻すと、当時ＮＨＫのディレクターだった私は、失敗体験には事欠かなかった。そして一つ一つの失敗が何しろ派手だった。なぜなら、NHKは二十代の若手ディレクターにも大きな仕事をまかせてくれたからだ。一つの番組に関わるスタッフの人数は、多いときには百名以上。予算は特集番組になれば一本数億円規模になるものもある。そんな環境の中で、技術スタッフを激怒させてしまうような失敗や、取材先を怒らせてしまうような失敗など、数々の大失敗を重ねた。

大学院受験の課題エッセイには、いくつか失敗談を書いたが、その一つが「番組ボツ事件」だ。それは、一九九三年、入局二年目のことだった。

新人ディレクターだった私は、「日本に住んでいる外国人」に密着して、十五分のドキュメンタリーを制作することになった。それは、新人にとっては登竜門といわれていたBSの特集番組で、入局二、三年目のディレクターが担当することになっていた。数分のニュースリポートしか制作したことがなかった私にとって十五分の番組は大作である。誰にも負けない感動的なドキュメンタリーを制作しようと、心を躍らせた。

私が取材することに決めたのは、旧ソビエト連邦時代にロックスターだった日系ロシア人の男性Kさんだった。Kさんは、ロシア人なら誰でも知っている国民的なロックバンド「マシーナ・ブレーメニ」の元ドラマーだった。

Kさんは、ロックバンドをやめて、父親の故郷である日本で家族とともに暮らしていたが、生活は楽ではなかった。ロシア語の先生などをして糊口を凌いでいたが、なかなか定職が見つからなかった。「音楽の仕事がしたいが……」と言うが、日本の音楽業界に有力なつてがあるわけでもない。

「日本での生活に何の希望も見出せません……。かといって、ロシアに帰っても未来はないのです」――Kさんは、ロックスターだった時の話は饒舌に話したが、日本での話になると急にふさぎこんだ。私は、この人の今の苦悩を伝えることこそがドキュメンタリーだと思い込んだ。そして、苦悩ばかりを強調した十五分の番組を制作しようとした。


編集しなおしては、デスク（一般職のディレクターを統括する先輩ディレクター）に試写してもらうという作業が続いた。試写は、夜十時のニュース番組の仕事を終わらせてからなので、毎回、深夜十二時ごろにはじまった。ところが、どれだけやり直しても放送許可が出ない。十回目ぐらいの試写でダメ出しされたあと、さすがの私もデスクに食ってかかった。

「なぜダメなんですか？」

「それを自分で探すのが課題や！　これは新人なら誰もが通る道や！」

デスクは関西弁でまくしたてた。当時のNHKには、鬼軍曹のようなデスクやプロデューサーがたくさんいて、彼らは「新人には限界まで自分で考えさせる」という指導方針を貫いていた。しかし、連日の徹夜で私の体力は限界に達していた。

「もう出来ません！」

デスクと先輩ディレクターの前で、私は泣き出し、そのまま家に帰ってしまった。

数日後、気を取り直して、編集をやり直し、デスクに再び試写してもらった。十五回目ぐらいだったと思う。放送日は次の日に迫っていた。

「これは放送できない！　やり直しや！」

デスクにそう言われた瞬間、私はその場でへなへなと崩れ落ちた。そして、メソメソと泣きながら、またもや家に帰ってしまったのである。当然のことながら、番組は一旦お蔵入りとなった。

後日、落ち着いてから、「なぜあのままでは放送できなかったのですか」と、もう一度デスクに聞きにいった。するとデスクはこう言った。

「あの番組を放送したら、彼の人生をダメにしてしまう。一つの番組を全国に放送することで、取材された人の人生が変わってしまうこともある。彼の苦悩を見て、彼の家族や友人はどう思うだろうか。だから、どんな人間ドキュメンタリーも最後は、『希望』で終わらなくてはならないのだ」

再度、Kさんに取材を申し込み、前向きなインタビューが撮れたのは数ヶ月後のことだった。無事番組も放送された。

この失敗の原因は何だったのか。もちろん、体力の限界もあって、泣きながら逃げたことがある。しかしそれ以上にダメだったのは、「ドキュメンタリーとは自分に見えたもの、撮影できたものをそのまま伝えるものだ」という思い込みで、番組を制作してしまったことだ。

今から思えば、何と浅はかで傲慢な態度だったかと思う。入局一年目から東京の報道局に配属され少しいい気になっていた私は、自分の目線は正しいし、この人は日本に来て幸せではないと言っているのだから、それをそのまま伝えればいいと思ってしまったのだ。

ところが、それは取材者の勝手な思い込みだった。再取材の後、Kさんから「最初から、こういう感じのことを話してほしいと言ってくれればよかったのに」と皮肉っぽく言われた。当然のことだ。

私がこの失敗から学んだのは、取材者の偏見が、人の人生を台無しにすることもあり得るということだ。もし自分が取材される側で、人生に苦悩している姿のままで番組が終わっていたら、どうだろうか。きっと立ち直れなくなるだろう。

私はこの失敗談を経営大学院の課題エッセイにも書いたし、面接でも話した。幸運にも、コロンビア大学を含め、複数のトップスクールから合格をいただいたのも、この失敗談が評価されたからのようにも思う。

自分が逃げたり、泣いたりした失敗談は恥ずかしいものだが、それでもこのときの学びは今も教訓として生きている。番組を制作するとき、本を書くとき、取材対象者がどんなにつらい思いをされていても、最後は希望で終わるようにしているのはそのためだ。

コロンビア大学経営大学院に入学してから驚いたのが、世界の第一線で活躍しているパワーエリートと言われる人たちが、実に多くの失敗談を赤裸々に学生に話すことだ。

例えば、世界有数の投資家であるウォーレン・バフェット氏は、「私はハーバードビジネススクールに不合格になった」という話から、講演をはじめた。もちろん、その後、「コロンビアビジネススクールで学んだからこそ今の自分がある」と続くのだが、失敗談を聞くと、こんな世界の大富豪でも同じ人間なんだ、と妙に親近感を覚えたりする。

スターバックスの創業者兼CEO（最高経営責任者）、ハワード・シュルツ氏は、コーヒーショップをはじめると言ったとき、そのあまりに平凡な業種での起業に「今さら、コーヒーショップ？　成功しないよ」と周りの人から言われたという。しかしそんな他人の言葉をものともせず、その後何度も失敗を繰り返しながら、スターバックスをつくりあげた。シュルツ氏が講演で、「逆境こそ人を奮い立たせる」と何度も強調していたのを覚えている。

コロンビア大学では多くの著名な経営者や政治家の講演を聴いたが、特にバフェット氏とシュルツ氏の話を覚えているのは、やはり二人とも失敗を話してくれたからだと思う。

私は、経営大学院で、自らの失敗体験が世界では前向きに「評価される」ことを初めて知った。「失敗は財産」「失敗は成功の母」と失敗を肯定的にとらえる価値観は、エジソンなど偉人の伝記を読むと必ず書いてあるが、実際、失敗のまっただ中にいるとその価値など分からないものだ。

しかし人間を大きく成長させてくれる失敗体験は、グローバルリーダーになる過程で必要不可欠なものだ。それを学んだだけでも留学した価値があったと思っている。

現在、日本ではグローバル人材の育成が急務だと言われているが、グローバル人材に求められる要件の一つが、「失敗から立ち上がれる人」だ。

経済が成熟した日本は、「失敗しづらい国」だと言われている。官庁や日本企業の多くは、いまだに減点主義で人を評価する傾向にある。

この減点主義に大きな影響を受けているのが、いまの二十代だ。生まれてすぐにバブル崩壊。以降、日本経済はずっと停滞しているのだから、挑戦できるような環境に恵まれていない。経済が成長していないところでは誰もが萎縮して保守的になり、リスクをとるなんてもってのほかとなる。必要以上に失敗を恐れて当然の環境なのだ。

ところが、日本企業のグローバル化は急速に進んでいて、新しいことに挑戦しない「減点主義」では生き残れなくなった。企業を成長させるイノベーションは、「挑戦と失敗」なくして起こりえないからである。

二〇一三年三月期のトヨタ自動車の売上の七五％、ソニーの売上の六八％は、海外からだ。電通は、売上総利益に占める海外比率を二〇一七年度までに五五％に高めるとの目標を掲げている。今後、日本の民間企業がさらなる成長を求めて、グローバル化を推進していくことは間違いない。

本書を書くきっかけとなったのは、『世界最高MBAの授業』（東洋経済新報社）の執筆のために、欧米の経営大学院十三校を取材した際、各校の教授陣が「失敗力」の大切さについて教えていたことだ。失敗力とは、失敗から学び、失敗を自分の成長に生かす力。つまり、失敗から正しく立ち直る力だ。それがグローバル人材に最も求められていることを伝えたいと思った。

本書の前半では、ハーバード大学とスタンフォード大学の経営大学院が「失敗」をどのように教えているのかについて詳述した。

後半では、世界で活躍する日本人エリートがいかに失敗を克服して立ち上がってきたか、そしてそこから何を学んだかについて、エピソードとともに詳細に記した。マッキンゼー・アンド・カンパニー、ボストンコンサルティンググループ、ゴールドマン・サックス、グーグルといった一流グローバル企業の出身者に加え、グローバル化を推進する日本企業（トヨタ自動車、ソニー、電通、三井物産、三菱商事）の最前線で働く海外駐在員／元駐在員の皆さんを取材した。年齢は、皆三十代から四十代。この世代をねらって取材したのは、世界のビジネスの現場で活躍している世代だからだ。

インタビューでは、大きく分けて二つの失敗体験を語ってもらった。一つは、入社して数年以内に体験した失敗。そしてもう一つが、海外で経営者、あるいは、管理職として挑戦したときの失敗だ。プロフィールを見れば、申し分のないエリートなのに、「こんな失敗もされていたのか」と驚くこともしばしばだった。

なお、人生の失敗体験には、仕事上での失敗と、私生活での失敗の二つがあるが、今回の取材では、仕事上での失敗に限らせていただいた。

最後に、取材に協力してくださった十五名の皆さんと、所属会社の広報担当者の皆さんに心より感謝したい。

成功を語るのは簡単だが、失敗を語るには勇気がいる。

よりよい社会をつくるために、自分の失敗を語れる人こそグローバルリーダーだ——経営大学院ではそう教えられる。今回、自らの失敗を謙虚に語ってくださった方々はまさにグローバルリーダーの一員だと思う。

本書が、一人でも多くの日本人が世界に挑戦するきっかけになれば幸いである。

二〇一三年十一月

佐藤智恵

世界のエリートの「失敗力」　目次

はじめに　3

第一章　ハーバードが教える失敗力

●合格基準は「失敗から学べる人」　22
●一人対八十九人の戦い　27
●主人公は必ず挫折する　29
●卒業生の失敗は格好の教材　31
●君たちのチームは失敗するだろう　34
●失敗を語ると賞賛される　37
●ハーバードの教授は失敗をこう教える①　41
●ハーバードの教授は失敗をこう教える②　43
●なぜ失敗を「教える」のか　47

第二章 スタンフォードが教える失敗力

●合格基準は「変革をもたらせる人」 50
●失敗を予行演習するロールプレイ 52
●私はCEOを自ら辞任しました 55
●組織で失敗したら正しく修復せよ 58
●再起できる失敗と再起できない失敗 61

第三章 外資系企業の失敗力

《マッキンゼー・アンド・カンパニーの失敗力》 69
●このプレゼンはマッキンゼーのクオリティではない 69
●マッキンゼーはリスクをとる人を評価する 74
●中国企業内部からの造反 76

●エクセルシートの増殖でパニック　83
●金曜日に仕事ですか？　86
《ボストンコンサルティンググループの失敗力》　91
●逃げた失敗の代償は大きい　92
●南米チリで苦渋の決断　95
●受け身モードから抜け出せない　100
●創業パートナーの辞任　105
《ゴールドマン・サックス／世界銀行の失敗力》　109
●欧米流の効率主義がすべてではない　110
●アフリカにはアフリカの流儀がある　114
●グローバル金融機関の失敗抑制システム　119
《グーグルの失敗力》　121
●失敗したという認識をもたない　122
●シリコンバレーでは走りながら改善する　126

第四章　日本企業の失敗力

《トヨタ自動車の失敗力》 131
●失敗してもいいが必ずカイゼンせよ 131
●シンガポールで部下が離職 135
●トヨタの失敗共有システム 138
《ソニーの失敗力》 141
●CLIEマーケティングチームの解散 142
●メキシコの低所得者層にもデジタルカメラを 144
《電通の失敗力》 150
●タンチョウが売れない 151
●ロサンゼルスの会社を清算 155
●減点を恐れなくてもいい企業文化 157
《三井物産の失敗力》 158
●ウクライナで挑戦しなかった後悔 159

●ロシアで販売店が開業できない 163
●通訳失敗で恥ずかしい思い 166
●アメリカ人女性とのバトルで会議が凍る 170
●三井物産の失敗共有システム 173
《三菱商事の失敗力》 175
●君は熱意が足りない 176
●フランスから失意の帰国 180

第五章 失敗を恐れる前に

●仕事の失敗はすべて解決できる 188
●失敗は認識の問題 189
●自分のリスク許容量を考える 192
●個人の失敗で会社はつぶれない 193

●ベストを尽くした失敗は許される 197
●部下の失敗はコントロールされている 199
●バックアッププランを用意する 202
●そこは失敗できる環境か？ 204
●挑戦しないことは最大のリスクになる 207
●それでも失敗は避けられない 209

第六章 失敗力を鍛える

●「私、失敗しないので」 214
●失敗したら早く修復せよ 216
●むやみに謝罪しない 218
●人に話して自分を修復する 220
●敗因分析をする 222

●なぜ失敗は成功への近道になるのか　226
●失敗を共有するしくみをつくる　228
●失敗力を鍛える　229

協力者プロフィール　238

〈表記に関する特記事項〉
・大学院の先生の呼び方については、正式な肩書きを紹介した後は、すべて「教授」で統一させていただきました
・一部、関係者については、匿名でご紹介させていただきました
・本文中および巻末プロフィールの、「今」「現在」とは、二〇一三年十一月現在のことを指します
・為替レートは、二〇一三年十一月現在のものです

第一章

ハーバードが教える失敗力

湯浅エムレ秀和
三宅博之

合格基準は「失敗から学べる人」

あなたは失敗から何を学びましたか？

これは世界最難関の経営大学院、ハーバード大学経営大学院（ハーバードビジネススクール）の課題エッセイの設問だ。ハーバードは、二〇一二年までの過去数年間にわたって、受験者に自らの「失敗」体験を書いて提出してもらい、重要な合否の基準としてきた。設問はほぼ毎年変わるため、Mistake（過ち）、Setbacks（挫折）など、表現の方法は変わるが、いわゆる「失敗」した体験を書かせることに変わりはない。

さて、グローバルリーダーの養成機関、ハーバードビジネススクールは、なぜ受験者の成功体験だけではなく、失敗体験を知りたいのだろうか。

ハーバードビジネススクールのミッションは、「世界に変化をもたらすリーダーを教育すること」（***We educate leaders who make a difference in the world.***）。つまり、卒業生は、ただリーダーになるだけではなく、世界に変化をもたらさないといけないのだ。

ハーバードビジネススクールは、アメリカのジョージ・W・ブッシュ元大統領、ニューヨークのマイケル・ブルームバーグ前市長、GEのジェフリー・イメルトCEOなど、政財界のトップを数多く輩出している。また、日本人卒業生としては、楽天の三木谷浩史社長や、ローソンの新浪剛史社長、DeNAの創業者、南場智子さんなどが有名だ。いずれも世界に変化をもたらしたリーダーであることは間違いない。

世界に変化をもたらすには、挑戦する必要がある。そして、挑戦には必ず失敗がつきものだ。つまりハーバードが求めているのは、失敗から学べる人、そして、失敗しても立ち上がり、挑戦し続ける人なのだ。

ハーバードビジネススクールの第十代学長、ニティン・ノーリア氏は、NHKのインタビューで「グローバル人材とはどういう人材か」と聞かれ、次のように答えている。

"*It's 'Opportunity Seeker,' and what I mean by that is a person who relentlessly looks for opportunities everywhere in the world*".

「グローバル人材とは、チャンスを追い求める人だ。つまり、世界中どこにいても、絶え間なくチャンスを追い求め続ける人だ」

（NHK『B・i・zプラス』二〇一三年一月十五日放送、筆者訳）

この場合のチャンスとは、起業のチャンス、ビジネスチャンス、あるいは政治に参加するチャンスなど様々だが、簡単に言えば「世界を変える」チャンスだ。しかも、グローバル人材は、それを追い求めるだけではなく、追い求め続けることが求められるのだ。

ハーバードMBAは、決して、楽な人生へのチケットではない。

だから、どんなに頭がよくても、どんなに仕事で成功していても、失敗を経験していない受験者はいらないし、失敗を語れない人もいらないのだ。

ハーバードに挑戦する人は、皆、最高の学歴と職歴をたずさえて受験する。その中で合否を分けるのは、実はこの失敗力なのだ。

二〇一二年にハーバードビジネススクールに入学した湯浅《ゆあさ》エムレ秀和《ひでかず》さんは、日本のコンサルティング会社で働いていたときの苦い失敗を課題エッセイに書き、合格した。

それは湯浅さんがクライアント企業で、あるコンサルティングプロジェクトを担当していたときのことだった。湯浅さんの役割は、並行して走っている複数のプロジェクトの進捗状況について報告書を作成し、定期的に取締役会に上程することだった。

湯浅さんがいつも通り報告書を作成して、クライアント企業の担当者に見せたところ、内容を修正してほしいと依頼された。

「取締役会にはできる限り正確に状況を伝えるべきです」

湯浅さんは頑なに修正を拒んだ。

「なぜ修正しないのか！」

その場で激しい口論となった。報告書の締め切りが迫る中、最終的には湯浅さんが折れて、担当者の要望通りに修正することになった。

興奮がさめて落ち着いて考えてみると、「なぜ自分はクライアントを説得できなかったのか」という反省の念ばかりが湯浅さんの心をよぎった。

クライアント側の担当者が修正を依頼してきた理由だってあったはずだ。依頼の背景は何だったのか理解しようともせず、ただ一方的にルールを貫こうとした自分の未熟さを恥ずかしく思った。湯浅さんは振り返る。

「この経験から学んだことは『相手の立場に立って考えること』と『相手に共感すること』の大切さです。世の中正論だけがまかりとおるわけではなく、その時々の状況によって臨機応変に判断しなければなりません。相手の立場にたって物事を見ると、今まで自分が見えなかった視点に気づきますし、相手に共感することによって、状況を正しく理解することができます。こうした失敗から学んだことに焦点をあててエッセイを書きました」

湯浅さんは続ける。

「エッセイもそうですが、上海で行われた面接でも、失敗体験について熱心に聞かれました。そこでは別のエピソードを話しましたが、失敗したことそのものよりも、『そこから学べる人か』『立ち直るために行動出来る人か』というのを、評価しているような気がしました。受験のときは分かりませんでしたが、入学してから、なぜ失敗体験について聞かれたのか、よく分かりました。ハーバードは失敗を予行演習する場だったからです」

入学してから多くの失敗体験を積むことになるハーバード。そして卒業後は、グローバルリーダーとしてさらに挑戦して、失敗して、さらに挑戦することが求められる。だからこそ、ハーバードは、受験者の失敗への耐性を重要な合格基準として評価するのである。

●一人対八十九人の戦い

ハーバードビジネススクールの授業の多くは、学生のディスカッションで進行される。教授は、ファシリテーターに徹し、主役はあくまでも学生だ。

学生は、毎回、ある特定の企業事例について、「自分が経営者だったらどういう判断をするか」を考え、教授の司会に従って議論する。成績の半分は発言点。しかも、ハーバードは、毎年、成績不良で退学する人が数人いるほど、学生への評価が厳しいことで知られている。

湯浅さんは、二〇一二年九月に入学してから最初の一週間、授業で全く発言できなかったという。

「教授が質問した瞬間に、クラスの八割ぐらいが、ババッと手を挙げる感じでした。頭の中で発言内容を整理している間に、議論のテーマが次に移ってしまうのです。自分はなぜ一度も手を挙げられないのか、このままではまずいと、真剣に対策を考えましたね」

そこで湯浅さんは、教授が質問したら、発言内容が決まっていなくても、とりあえず手を挙げてみることにした。

「考えてから手を挙げていたら遅いのです。手を挙げてから考える。あててもらったら考えながら話すのです。二週目に入って、リーダーシップの授業でやっと発言することができましたが、何を話したか、全く覚えていません。それぐらい緊張していたのです」

ハーバードでは「きょうも発言できなかった」「きょうもまた論破されてしまった」と、毎日が挑戦と失敗の連続なのだそうだ。

授業でディスカッションに加わる方法は二つある。一つは、「ビルドオン」(Build-on)という方法で、前の人の発言に同意しながら、自分なりの新たな視点を加えていくというやり方。そしてもう一つは、「ディスアグリー」(Disagree)。文字通り相手の発言を否定するやり方だ。議論が盛り上がるのは、ディスアグリーの方だと言う。

「クラスディスカッションは、一人対八十九人の戦いですよ。発言すると、必ず、『それは違うと思うな』と反論されますから。たまに、ボコボコにされることもあります。恥ずかしい思いをすることもありますが、これも学生に失敗を疑似体験させる教育の一環なのではと思っています」

卒業後、経営者になれば、取締役会をはじめ、数々の修羅場を経験するだろう。そうした議論の場の予行演習となるのが、ハーバードのディスカッションなのだ。

●主人公は必ず挫折する

失敗を体験させるのは、授業でのディスカッションだけではない。

ハーバードでは、多くの授業でケースとよばれる教材が使われている。

ケースとは、実在する企業や経営者／役員が過去に直面した問題をストーリー形式で紹介した教材のことだ。授業で議論することを目的として作成されていて、客観的な事実だけでなく主人公の心情まで詳細に書いてあることもあり、かなり内容に感情移入できるようになっている。ケースを元に議論するケース・メソッドは、ハーバードビジネススクールが開発した授業形式で、世界中のビジネススクールで取り入れられてきた。

議論の題材とするために、ケースには、「失敗事例」が書かれていることがよくある。

ハーバードビジネスレビューの公式ウェブサイトで、「Failure」（失敗）と入れて検索してみると、多くのケースが結果として表示される。

・なぜ病院は失敗から学ばないのか――システムの変革を妨げる組織的、心理的なダイナミクス
・中国におけるモトローラ――成功してしまったゆえの失敗？
・バート・トゥオールフホーベン――世界的な起業家の成功と失敗

・気候変動をめぐる国際交渉の成功と失敗

題名に「失敗」と入っていなくとも、ケースでは、多くの挫折体験が描かれる。それを元に、次のような課題を授業で議論するのだ。

・ある会社のCEOは、部下からの支持が得られず困っていた。あなたがCEOだったら、どうするか

・ある飲料メーカーは競合との争いに負け、シェアを失っていた。あなたがCEOだったら、どうやって再生させるか

ケースは最新の事例だけではなく、古いものでは一九七〇年代や一九八〇年代が舞台になっているものもあるが、どのケースでも「自分がその年代にこの主人公の立場だったら、どうするか」を考えることになっている。

ケースは、クラスで議論することを目的として書かれているので、そこに正解は書かれていない。ただ事実がストーリー仕立てで描写されているだけだが、企業であれ、人であれ、必ずといっていいほど「うまくいかなかったこと」が書いてあるのが特徴だ。その挫折によって、学生は主人公に共感し、自分だったらどうするか、現実的に考えることができるからだ。

授業で議論することによってケースの正解にたどりつくのかといえば、そうでもない。教授も、主人公が失敗した後どうやって立ち直ったか、「その後」を伝えることはあっても、これが正しい解決法だ、とは決して言わない。ハーバードの授業では、正しい解を勉強することを目的としていないからだ。

ケースによって失敗を疑似体験し、ディスカッションによって自分なりの失敗の立ち直り方やリーダーシップを自覚していく――それがハーバード流の失敗力の鍛え方なのだ。

●卒業生の失敗は格好の教材

ハーバードの授業で取り上げられる事例には、ハーバードの卒業生が主人公になっている実話も数多くある。前出の湯浅さんの記憶に新しいのが、リーダーシップの授業で取り上げられた卒業生の実話だ。それは、一九七〇年代にハーバードを卒業した六人のその後を二十年間にわたって、追跡取材した話だった。

ハーバードには、五年ごとに卒業生の同窓会がある。同窓会に参加する人は「近況報告」を書いて提出するそうで、授業で配られた資料には六人の十年後（三十代から四十代）、二十年後（四十代から五十代）の近況報告がまとめてあった。

卒業生全員が全員、成功しているわけではなく、仕事に疲れてパートタイムで働いている人もいれば、何度も離婚した人もいたという。

大学時代に起業したこともある湯浅さんにとって、特に印象的だったのは、起業家の卒業生の人生だった。そこには多くの「失敗」が語られていた。

Aさんは、ハーバードを休学し、在学中に起業。通常は二年のところを四年かけて卒業した。その後、二十代でバイオ系の会社を起業するも、ビジネスパートナーとの意見の相違で、相手の協力が得られず失敗。貯金もすべて失ってしまう。

ところが、Aさんは、ボロボロになりながらも、再度起業。今度はバイオ系ではなく、金融関連の会社を創業することに挑戦。それが何とか軌道にのり成功する。十年目の同窓会が開催された三十代後半のときには、複数の会社の経営者になっていた。

二十年目の同窓会では、Aさんは四十代後半になっていた。事業からは離れ、個人でコンサルティング業を営んでいて、プライベートでは、二回離婚。同窓会に参加した当時は独身だった。

アメリカでは、Aさんのような次々と起業に挑戦する起業家を「シリアル・アントレプレナー」と呼ぶ。Aさんは、十年目の同窓会に参加するときの「近況報告」に、バイオ系事業で無一文になったときの失敗経験を、「苦いレッスンだった」と書いていたという。

湯浅さんは話す。

「Aさんは、仕事もプライベートも失敗したことを赤裸々に書いていましたが、その他の卒業生は、どちらかというと『仕事は順調だけれどプライベートでは失敗した』と書いていた方が多かったように記憶しています。ハーバードの卒業生は明確な目標に向かって、突き進んでいくのが得意ですが、そのやり方でキャリアは成功しても、プライベートではそうはいきません。結婚したい、子供が欲しいといっても相手があることだし、子供の病気や配偶者の死などは対策の施しようがないことです。自分にとって幸せとは何なのかを真剣に考える必要があると思いましたね」

ハーバードの授業では、こうした「卒業生の人生を包括的に学ぶケース」だけではなく、「卒業生がリーダーとして失敗して苦闘するケース」も多く学ぶ。匿名で書かれているが、すべて教授陣が取材した実話だ。

湯浅さんは振り返る。

「ハーバードビジネススクールが輩出するリーダーも結局は生身の人間で、ハーバードを卒業したからと言って、必ずしもすべてにおいて成功するわけではないという現実に目を向けさせたかったのではないでしょうか。『世界に変革をもたらすリーダー』を目指しながらも、常に一人の人間であることを忘れてはならないと思いました」

卒業生の失敗は、すべて、自分がこれから体験するかもしれないことだ。それを過度に恐れる必要はないが、事前に備えておいて損はない。

●君たちのチームは失敗するだろう

近年、ハーバードが力を入れているのが、「フィールド」と呼ばれる実践的な授業だ。個人の発言力がモノを言う前述のケースディスカッションと異なり、「フィールド」ではチームごとに分かれて一つのプロジェクトを遂行するため、チームワーク力が問われる授業となっている。

ハーバードの一年生は、このフィールドの授業を三つ履修することが義務づけられている。「フィールド1」は実習基礎、「フィールド2」は新興国実習、そして、「フィールド3」が起業実習だ。

二〇一二年にハーバードに入学した三宅博之《みやけひろゆき》さんが、初めて「失敗」を体験した授業が、「フィールド3」だった。「フィールド3」は、六人一組のチームで起業プランを作成し、製品やサービスの試作版をつくり、実際に営業を開始するところまでを体験する。

二〇一三年一月、授業の冒頭で、アルド・ムサッチオ准教授は、クラス全員に向けてこう話したという。

「この授業では、すべてのチームが成功するわけではない。いくつかのチームは起業プランが評価されず失敗するだろう。しかし、この授業の目的は、結果ではなく、チームで一つのビジネスをつくりあげる過程を体験することにあるのだ」

各チームには、学校から起業資金として一律五千ドルが与えられ、授業とはいえ、かなり本格的な起業を体験することになる。

授業の終盤では、営業開始後のビジネスの進捗状況を投資家役の学生に向けて発表する。投資家役は、他クラスの学生が務め、各ビジネスが「存続可能」であるかどうか、つまり、成功か失敗かどうかを審査する。

三宅さんは、同じチーム実習でも、新興国で企業などを対象にコンサルティングを行った「フィールド2」より、「フィールド3」の方がチームワークを高めるのが難しかったと振り返る。

「コンサルティングプロジェクトは、皆、それぞれ得意分野を生かして、チームに貢献してとてもうまくいったのですが、起業プロジェクトではそうはいきませんでした。チームメンバーによって割ける時間やモチベーションが異なり、チームとしての一体感を保つのが大変でした」

三宅さんのチームでは、アメリカ人の女子学生がリーダーシップをとり、親子で使える携帯アプリケーションを開発する会社の起業を提案。しかし、彼女がチームメンバーに仕事を分担しても、全員が全員、期日通りに結果を出してくれるわけではなかった。そのうち人によって仕事量に偏りが出て、チームの中に不公平感が漂うことになり、チームワークが「何となくうまくいっていない状況」が続いた。三宅さんは自らその原因をこう分析する。

「二〇一三年一月頃からインターンシップの面接が始まり、個人で成績がつかない授業では、できれば手を抜きたいと思っていたメンバーもいました。また、ハーバードの学生は起業したことのない人がほとんどですから、得意分野をどう生かしていいかも分からず、やる気も起きなかったのかもしれません」

結果的に、三宅さんのチームの起業プランは、女子学生のがんばりが功を奏して、「存続可能」となったが、十五チーム中、五チームが「失敗」と判断された。

失敗したチームのメンバーは、各自敗因分析をして、報告書を提出することになった。

「チームワーク、起業アイデア、業態変更のタイミングなど、いくつかのポイントに基づいて敗因分析をしたようです。幸い、僕たちのチームは、提出しなくてすみましたが、教授によれば、やはりチームワークに関わる失敗が多かったそうです」

ムサッチオ教授が言うように、起業実習の目的は、チームでプロジェクトをやり遂げるという体験をすること。そこには、成功も失敗もある。

個人で成績を競わせる授業が多い中、チームワークを競わせる「フィールド」という授業をハーバードが導入した理由は、組織の一員としての失敗を疑似体験させることにあるのかもしれない。

失敗を語ると賞賛される

「ハーバードでは、自分の失敗体験を授業で語ると拍手が起こるんです。成功体験よりも、失敗体験の方が、深い内容になりますし、言いにくいことをシェアしてくれた同級生に対しては文句なく賞賛しますね。中には、発言しながら、泣いてしまうクラスメートもいました」

リーダーシップの授業で前出の湯浅さんは、何度も心を揺さぶられたことがあったという。ハーバードでは二つのリーダーシップの科目が必修となっている。一つは「リーダーシップと組織行動」(Leadership and Organizational Behavior)で、もう一つは、「リーダーシップと企業の倫理」(Leadership and Corporate Accountability)。学生は、これらの授業で自分の個人的な体験を織り交ぜながら発言することが求められる。「リーダーシップと組織行動」の授業では、アメリカ人の同級生が、自ら解雇されたときの体験を話した。彼女は世界的な経営コンサルティング会社の出身だった。

私は、経営コンサルティング会社を解雇されたことがあります。

入社後、昇進してプロジェクトリーダーにもなり、部下を持つようになりましたが、そこで失敗してしまったのです。

私は、「結果さえ出していればいい」と思い込んでいました。だからクライアントのことだけを考えて仕事をして、部下に対しては厳しく接するばかりでした。

その結果、三六〇度評価で部下から最低点をつけられました。でも、クライアントからの評価は高いから、問題ないと思っていました。クライアントが支払ってくれる報酬が会社に利益をもたらすのだから、クライアントマネジメントにすべての力を注ぐべきだと思っていました。

ところが、ある日、私は解雇されました。その理由を聞いたところ、会社の役員はこう言いました。

「だれも、君と仕事をしたくないと言っている」

解雇されて、ようやく、自分のリーダーシップが間違っていたことに気づいたのです。

私は二度と、このような間違いはおかさないと誓いました。

クラス中に拍手が沸き起こった。

湯浅さんはこの話を聞いて、驚きをかくせなかった。

「彼女は、クラスでも一、二を争うほど、優秀な学生でしたから、コンサル会社を解雇されたと聞いて、ビックリしました。それに、一見、プライドの高そうな彼女がその話をクラス全員に打ち明けてくれたことも意外でした」

「リーダーシップと企業の倫理」では、アジア系の女子学生が泣きながら、友人の自殺を止められなかった体験を語った。


私の人生で最大の失敗は、友人の自殺を止められなかったことです。

大学時代、私には、仲のいい男性の友人がいました。

ある日、彼から、「自分は同性愛者だ。親に打ち明けたら、勘当されてしまった。どうしたらいいか分からない」と相談されました。

そのときの私はなすすべもなく、ただ、彼の話を聞くだけでした。

その後、彼は親からも理解されず、周りからも理解されず、孤独に苛まれて、精神の病におかされ、自殺してしまいました。

「なぜ、彼を救うことができなかったのか。自分が唯一の友人だったかもしれないのに」

私は今でも、彼の死を思うと、自分の失敗が悔やまれてなりません。


この女性は、今、ボランティアで自殺ホットラインの相談員を務めているという。こうした同級生の話を聞いて、湯浅さんは「失敗」に対する見方が変わっていったという。

「『失敗はネガティブなものではなく、人生の一部だ』と思えるようになりました。同級生の失敗は、自分にもいつか起こりうる失敗で、学ぶことが多いのです。ハーバードが成功体験よりも失敗体験をシェアすることを奨励している意味が分かりました」

●ハーバードの教授は失敗をこう教える①

リーダーシップの授業で、ハーバードの教授は、失敗についてどのように教えているのだろうか。

「リーダーシップと企業の倫理」を教えているのは、ロバート・スティーブン・カプラン教授。教授は、ゴールドマン・サックス・グループの元副会長。二〇〇五年に、ハーバードの教授に就任する前まで、二十二年間にわたって、同社の要職を歴任してきた。

ハーバードでは、リーダーシップを教え、『What You're Really Meant To Do: A Road Map for Reaching Your Unique Potential』(Harvard Business Review Press, 2013) という著書も出版している。

教授は、リーダーが失敗する要因は、主に二つあると説く。

①人から学ぼうとしない（Inability to Learn）

②誰も相談する人がいない（Isolation）

会社で職位が上になればなるほど、周りから欠点を指摘されたり、批判されたりする機会が少なくなる。実際、管理職になれば、部下の数のほうが多くなり、上司の自分に対してよい印象を与えようとする人たちばかりに囲まれることになる。つまり、ちやほやされるわけである。部下が上司に面と向かって「あなたのこういう態度は上司として正しくありません」と助言をしようなどとは思わないだろう。同様に社外の人も、仮にクライアントであったとしても、職位の上の人に対して直接苦言を呈したりはしなくなる。

そうなってくると待っているのは「孤立」だ。カプラン教授は言う。

「『自分株式会社』の顧問委員会をつくりなさい。メンターになってくれるような人を五～六人、常に持っておくこと。出来れば社外の人がいい。会社の中でマネジメント的な立場でいると、傲慢になり、視野も狭くなりがちだ。顧問委員会のメンバーは、君たちがそういう失敗に陥らないよう、助けてくれるだろう」

湯浅さんはつけ加える。

「教授は、『アスク・フォー・ヘルプ！』と何度もおっしゃっていました。組織の階段を上がれば上がるほど、リーダーは孤独になる。だから今のうちから、メンターに助言を求める習慣をつけておくようにと。ハーバードの卒業生でもある教授は、同級生のネットワークも大切にしなさい、とも言っていましたね」

カプラン教授は、リーダーの失敗の原因が、外部環境ではなくリーダー本人にあることを示している。つまり、リーダーは意識して孤独と戦い、周りから謙虚に学ぼうとする努力を続けることが必要なのだ。

ハーバードの教授は失敗をこう教える②

経営学の基礎とも言える「経営戦略」の授業で、失敗はどのように教えられているのだろうか。

もちろん、企業や経営者が失敗した事例は、ディスカッションテーマとして多く取りあげられる。例えば、最近では、過去の成功体験から抜け出せない企業が、新しいビジネスモデルに挑戦できずに失敗する例が後をたたない。こうした事例は、戦略を学ぶ上で格好の教材となる。

しかし、前出の三宅博之さんの記憶に残っているのは、教材に書いてある企業の失敗事例よりも、教授の自らの失敗体験だ。

「ハーバードの教授には、学界出身者と実業界出身者がいます。名物教授は、学界出身者が多いですが、僕は、実業界出身の教授の方が好きでしたね。経験に裏打ちされているため、言葉に説得力があるからです」

必修科目「経営戦略」（Strategy）で、三宅さんのクラスを担当したのはケビン・シェアラー上級講師だ。この授業では、教授が自らの経験を元に、学生に向けてキャリア戦略について助言することも多々あった。

ケビン・シェアラー教授は、世界的なバイオテクノロジー企業アムジェン社の元ＣＥＯ。一九八〇年に創業された同社は、医薬品の開発・販売で急成長を遂げ、売上高一七三億ドル（約一兆七三〇〇億円、二〇一二年度）の大企業となった。

教授は、一九九二年から二〇〇〇年まで社長、二〇〇〇年から二〇一二年までＣＥＯを務め、アムジェンの成長に大きく貢献した。

しかし、教授に成功をもたらしたのは、アムジェンの社長に就任するまでに経験した数多くの失敗だ。三宅さんは話す。

「決して、自分のキャリアは順風満帆ではないと語っていました。多くの失敗をして、それにも負けずに努力をして、運をよびこんだと言っていました」

教授は一九七一年アメリカ海軍兵学校卒業後、ピッツバーグ大学経営大学院でMBAを取得。マッキンゼー・アンド・カンパニーのコンサルタントを経て、一九八四年GEに入社。将来のCEO候補として嘱望されながらも、社内政治に破れ、退社。一九八九年、大手通信会社MCIのエグゼクティブ・バイス・プレジデントに就任する。しかし、ここで大きな挫折を体験する。

GE方式で早いペースで様々な改革をトップダウンで進めようとしたところ、部下が誰もついてこなくなり、社内で孤立してしまったのだ。しかも、「最年少の役員だったこともあり、とても横柄な態度をとっていた」と自らが振り返っているとおり、上にも下にも味方がいないという状況に追い込まれた。

教授は、ハーバードの授業だけではなく、様々なメディアのインタビューで、必ずこのMCI時代の失敗について語っている。

「ＭＣＩでの三年間は、とてもとても重要な三年間でした。非常につらい日々でしたが、多くのことを学びました。自分には謙虚さが必要なこと、改革を実行するときには味方になる人を集めてから始めること、ビジネスを深く理解するために自分の時間を使うべきだということなどです」（ニューヨークタイムズ、二〇〇九年三月二十九日、筆者訳）

その後、教授は、追われるようにしてＭＣＩを去る。ＧＥに戻ろうとジャック・ウェルチＣＥＯ（当時）に電話をしたところ、ウェルチ氏はシェアラー教授の辞め方が気に入らなかったらしく、「ＧＥで働いていたことは忘れたまえ」と断られたという。

そこに、成長著しいアムジェンから社長就任の依頼が舞いこむ。アムジェンでは、ＭＣＩでの教訓をすべて生かし、経営者として成功することになる。教授は、二〇一二年に引退するまで、二十年間にわたって、同社でトップマネジメントの座につき続けた。三宅さんは振り返る。

「授業で教授は自らが実践している『十四の教訓』を紹介してくれました。その一番目が『謙虚さを忘れるな』でした。こうした教授の実体験を聞いたあとだったので、とても説得力がありましたね」

華々しい経歴の裏には、失敗あり。ケビン・シェアラー教授は、その現実を自らの体験をもって、学生に教えてくれたといえる。

●なぜ失敗を「教える」のか

世界最難関の経営大学院の一つ、ハーバードビジネススクールはなぜこんなに「失敗」に焦点をあてて、学生を教育しているのだろうか。

一つ目の理由として、ハーバードの学生は入学する前に「失敗したことがない」ということがある。元々地頭がよい人が多く、大学時代の成績は優秀で、大学院を受験する際のテストにも苦労していないという人がほとんどだ。ハーバードの学生の平均年齢は二十六歳から二十七歳。社会人経験は数年しかない。大企業で上司に言われた仕事を完璧にやり遂げ、スター社員となった人たちが多く、大きな挫折を経験している人は少ない。

だからハーバードでは、あえて、受験生から失敗体験を掘り起こして聞いて、失敗から学べる人か確認した上で入学させる。そして、入学した後も、山ほど失敗を疑似体験させる。なぜなら、ハーバードの学生は二十代後半でグローバル企業の管理職や起業家になる人が少なくないからだ。年功序列の日本企業であれば四十代や五十代になって初めてやるような仕事を二十代後半でまかされることになる。だから在学中の二年間で、集中して社会人としての失敗耐性を身につけなくてはならない。

二つ目の理由として考えられるのは、「謙虚さ」をリーダーシップの重要な要素ととらえていることだ。大学でも企業でも成績優秀で、周りからチヤホヤされていると、どうしても傲慢になってしまうのが人の常だろう。

しかし、こうした態度で社会的に失敗したハーバードの卒業生は枚挙にいとまがない。その代表的な例が、二〇〇四年にインサイダー取引や虚偽の会計報告などの罪で逮捕されたエンロンのジェフリー・スキリング元CEOだ。ハーバードではこうした卒業生の失敗を反面教師として授業で学ぶという。

三つ目は、失敗からは多くを効率よく学べる、ということがある。人の成功体験を聞いて学べることは実は少ない。なぜ成功したのかという成功要因を分析しても、自分からは雲の上の人の話のようで、真似するにも真似しようがない。しかし、失敗は違う。「この人も自分と同じ人間なのだ」と共感する。そして、一つの失敗から多くを学べるのだ。

ハーバードという大学も、ハーバードの学生も失敗から学び続ける。世界最高のグローバルリーダーの養成機関としての強さの秘密は、この「失敗力」にあったのである。

第二章

スタンフォードが教える失敗力

加藤千尋

●合格基準は「変革をもたらせる人」

スタンフォード大学経営大学院は、ハーバードと並び、世界最難関の経営大学院の一つとして知られている。

ハーバードの卒業生には、フォーチュン五〇〇社など伝統的な大企業や政界のトップが多いのに対し、スタンフォードの著名な卒業生には新興企業のトップや創業者が目立つ。ナイキの創業者、フィル・ナイト氏、サンマイクロシステムズの創業者、ビノッド・コースラ氏、エレクトロニック・アーツ（EA）の創業者、トリップ・ホーキンス氏など、世界的な起業家が名を連ねる。

スタンフォードのミッションは、「人々の生活を変え、組織を変え、世界を変える人材を育成すること」。入学審査で受験者は、現状に甘んじることなく、「変革」をもたらせる人材かどうかが問われる。

そのミッションを象徴するかのように、スタンフォードのホームページには、「Comfort

Zone」（コンフォートゾーン）という言葉が多く出てくる。

"Being Shoved Out of Your Comfort Zone Can Have Advantages"

「コンフォートゾーンから押し出されることはプラスになる」

"This is a demanding course that will push you beyond your comfort zone."

「これはあなたをコンフォートゾーンの外へと押し出す、厳しい授業です」

（引用元　http://www.gsb.stanford.edu）

コンフォートゾーンとは、自分が楽だと感じる領域のこと。

例えば生まれてからずっと同じ町に住んで、同じ友人とだけつきあっている人。例えば、上司から言われるままに、同じ仕事をし続けている人。こういう人たちはコンフォートゾーンの中にいる人。

しかし、それでは、組織に変革をもたらせない。そこから飛び出す勇気を持つ人がスタンフォードでは評価されるのだ。

コンフォートゾーンの外に飛び出すのは、容易なことではない。大企業を辞めて起業する、組織の中で新規事業を提案する、未知のベンチャー企業に投資する、新興国でＮＰＯ

を立ち上げる――どれも失敗がつきものだ。スタンフォードが求めているのは、このように失敗を恐れずに挑戦し続ける人なのだ。

しかし、ただ、挑戦すればいいというものではない。スタンフォード大学ビジネススクールを二〇一三年に卒業した加藤千尋《かとうちひろ》さんは、次のように語る。

「スタンフォードの卒業生は、皆、数々の失敗を経て、成功しています。だからといって、やみくもに挑戦して失敗することを奨励しているわけではありません。『失敗はしないに越したことはないが、成功への過程でいくつか重ねるのは当たり前のことだから、それを想定した上で、挑戦しなさい』と授業で教えられましたね」

●失敗を予行演習するロールプレイ

スタンフォードのカリキュラムは、ソフトスキルとよばれるリーダーシップスキルやコミュニケーションスキルを身につけることを重視した構成となっている。コンフォートゾーンの外に出て挑戦することを求められるスタンフォードの卒業生の中には、起業する人も多い。そこで問われるのがソフトスキルだ。

スタンフォードでは、ケースディスカッションや新興国実習など、多様な授業形式を採用しているが、中でも特徴的なのは、ロールプレイ演習だ。

ロールプレイ演習とはその名の通り、役を演じる実習。毎回指名された学生は、「解雇を伝えるCEO役」など、難しい経営者の役柄をクラスメートの前で演じることになる。役柄の設定は、すべて実話を元にしているそうだ。

たとえば、アーヴィング・グロースベック顧問教授の「成長企業のマネジメント」(Managing Growing Enterprises) の授業では、次のような設定が与えられた。

あるスタートアップ企業の創業メンバーであるBさんは、一人で人事からマーケティングまで、何から何までやっていた。会社の成長に人の採用が追いつかなかったからだ。しかし、その後、会社は急成長し、Bさんのマネジメント能力では、機能しなくなっていった。そこで、マネジメント経験が豊富な人を外から雇い、Bさんを降格させることにした。創業者兼CEOのあなたは、Bさんにどのように降格の事実を伝えるか?

学生は、降格の事実を伝えるCEO役。教授がBさん役を演じる。

この演習で、百戦錬磨の教授の反撃に、学生側は、興奮して思わぬことを口走ってしまったり、感情的になって泣きそうになったりする。つまりクラスメートの前で、相当恥ずかしい思いをすることになるのだが、それがこの演習の目的でもある。

なぜ、スタンフォードがこうしたロールプレイ演習を取り入れているかというと、ソフトスキルを学ぶ場というのは実社会ではなかなかないからだ。

たとえば、ファイナンスやマーケティングといった実務であれば、会社で仕事をしながらスキルを身につけていくことができる。ところが、ソフトスキルを系統だって教えてくれる会社はない。スタートアップ企業であればなおさらだ。

そこで、卒業後、学生が直面することになる人間関係の修羅場に備えて、授業でソフトスキルを教えるわけだ。演習で教授は、学生が失敗するように、あえて厳しく指導する。授業で何度も失敗しておけばそれが財産となり、社会に出たときに冷静に対応できる。

スタンフォードの授業には、「リーダーシップ演習」「マネジメント演習」など、失敗を疑似体験する授業が多数存在する。加藤さんは話す。

「ビジネススクールというのは、どれだけ失敗しても許されるリスクフリーの環境です。例えば、スタンフォードの演習で失敗しても、『小学校のときに学級委員に立候補したけど落選してしまった』程度の失敗なのです。本人以外は覚えていないし、社会的なリスクもありません。しかし、リスクフリーの環境で失敗を重ねながら挑戦したことで、確実にメンタルは強くなったと感じています」

挑戦、失敗、挑戦、失敗、挑戦、成功。スタンフォードの授業は、学生が授業で失敗を重ねることで、失敗への耐性を高めるように設計されている。つまり、新しいことに挑戦する精神的な基礎をつくってくれるわけだ。

●私はCEOを自ら辞任しました

"Regret for the things we did can be tempered by time; it is regret for the things we did not do that is inconsolable."

Sydney Harris

「挑戦してうまくいかなかったときの後悔は、時が経てば薄れていく。一生消えることがないのは、挑戦しなかったことへの後悔だ」

シドニー・ハリス（アメリカのコラムニスト、筆者訳）

前出のアーヴィング・グロースベック教授の「成長企業のマネジメント」では、教授が授業の始まりに、必ず「今日の名言」を紹介する。この名言はその一つだ。

ケーブルテレビ局を創業し、起業家として成功した教授は、失敗しても挑戦することの大切さを説き続けている。この授業では、卒業生が来校し、学生の前で過去の失敗体験について講演することもある。

加藤さんの記憶に新しいのが、デビッド・ドッドソン氏の講演だ。

ドッドソン氏は、一九八七年にスタンフォード大学経営大学院を卒業して以来、投資家として数多くのベンチャー企業を育ててきた。投資するだけではなく、自ら投資先のCEOや取締役に就任し、経営にも参画。二〇一三年現在は、ベンチャー企業、NPO法人などの役員を務めるかたわら、スタンフォードで講師として授業を受け持っている。

ドッドソン氏が修羅場をくぐったのは、ウィンド・リバー・エンバイロメンタル社(Wind River Environmental)のCEOを務めていたときのことだ。

同社は、一九九九年に、ドッドソン氏が共同創業した汚水処理を専門とする会社。ドッドソン氏は、二〇〇四年にCEOを退任するまでの五年間に、様々な「難しい状況」にさらされた。汚水処理タンクが原因で顧客が死亡するという事故が発生したり、職務不履行で役員を解雇せざるをえない状況に陥ってしまったり、次から次へと試練が訪れた。

ドッドソン氏は、ＣＥＯとして、難しい局面を何とか乗り切ろうとしたが、力及ばず、ＣＥＯを退任することになる。その理由は、度重なる事件や事故で、自分自身が疲れきってしまったことだった。

「ＣＥＯを続ける気力がなくなってしまったのです。事故のときの対応にも苦労しましたし、役員の解雇でも相当もめました。自分でコントロールできない事故などが重なったこともありますが、難しい状況への対応ができず、自分で自分を追い込んでしまったことが、最大の失敗です」

ドッドソン氏は続ける。

「授業でこうした話を聞く機会は少ないでしょう。でも実際に起業される皆さんはこういった失敗に直面する確率の方が圧倒的に高いのです。この話は他人事ではなく、皆さん自身が一度は通る道だということを知ってほしかったのです」

グロースベック教授は、ドッドソン氏の話をうけ、学生に次のように話したという。

「失敗を語ってくれる人は貴重だ。成功体験を語ってくれる人はたくさんいる。しかし、勇気を持って失敗を語ってくれる人は少ない」

加藤さんは振り返る。

「ドッドソン氏が、この失敗からどれくらいの期間を経て、冷静に自分を見つめることができ、人に話せるようになったのだろうかと思いました。人生に失敗はつきものだと思いますが、自分はこれまで幸か不幸かドッドソン氏のような大きな失敗をせずにきました」

加藤さんは続ける。

「いざ、自分が失敗をしたときにこんな風に学生に話せるかは分かりません。でもスタンフォードの卒業生として、仮に何か失敗したとしても、それを学生に赤裸々に話しても恥ずかしくないような行動をとるように心がけています」

自らの失敗体験を後世のために学生に話すことができる人こそ、スタンフォードが求める真のリーダーなのかもしれない。

●組織で失敗したら正しく修復せよ

スタンフォードで組織行動学を教えるジェフリー・フェファー教授は、組織で権力を握るまでの過程で、失敗体験は避けられないと言う。

「どんなに順風満帆に見える人も、まずまちがいなく失敗し、挫折し、不遇の時代を乗り越えてきたはずである。とりわけ何か新しい事業を興そうというときに、ものごとがトントン拍子でうまくいくはずがない。（中略）。誠心誠意がんばっていても悲劇は起こるものだ。問題は、どうやって立ち直るかということである」（『「権力」を握る人の法則』（ジェフリー・フェファー著、村井章子訳、日本経済新聞出版社）

教授は、スタンフォードで「権力への道」（The Paths to Power）という選択科目を教えているが、この授業の目的は学生に「パワースキル」を身につけてもらうこと。パワースキルとは、権力を手に入れて権力を生かす力だ。スタンフォードの学生の中には卒業後、組織の中で政治的に失敗してしまう人もいるという。

「出世しようとあくせくするのはみっともない」

「成功するために陰で工作するなんて、自分には出来ない」

「取締役会に根回しするとか、汚い手は使いたくない」

学業が優秀な人ほど、こうしたリーダーとしての品格を重視する傾向にある。

ところが、教授によれば、ＩＴ企業でも、自分が創業した企業でも、どんな企業でも組織である以上、権力闘争は避けられないという。およそ三割から七割のエグゼクティブが、社内政治が原因で、キャリア上の失敗を経験しているそうだ。

授業では、組織で正しく立ちまわらなかったために、解雇されたり、不当な罪を問われたりした人たちの、生々しい事例が紹介される。学生は、そうした事例から、「組織の中でどう行動したら失敗は免れたのか」を考える。

例えば、組織の中で、自分が関わっている事業などが失敗したとき、どのように対処するのが、正しいやり方なのだろうか。教授は、何よりも「自分の身を守る」ことが大切だと言う。

一つの事業が失敗すると、組織の中で、犯人探しと責任のなすりつけ合いが始まる。そんな時、黙っていたら、全部、自分の責任にされてしまう。そこで、自分から「すぐに」情報発信していくことが必要なのだという。誰よりも早く、状況を関係者に説明してまわるのだ。

「こういう問題が起こっているが、いま、自分はこのように対処している」などと客観的に事実を話し、決して軽々しく「自分の責任です」などと言ってはいけない。

加藤さんはこう話す。

「早めに関係者や上司に自分の立場を弁明するか、今、自分がどう対処しているかを説明することが重要です。教授は、失敗しても、『自分の非をあえて認めるな』と指導していました。そのかわりに、『いま、こういう対応をしています』と説明するのです」

こうして説明してまわっている間に、味方は思ったよりも多く、自分の責任を責める人だけでないことに気づく。そして人に助言を求めている中で善後策を講じることもできる。

組織の失敗は個人の失敗ではない。

そこに気づき、当事者として組織に早く情報をシェアして、早く味方を増やすことが、正しい立ち直りかたなのだ。

●再起できる失敗と再起できない失敗

前出のアーヴィング・グロースベック教授の授業では、様々な失敗事例が取り上げられるが、教授は失敗には二種類あると説明する。

- **再起できる失敗**
- **再起が難しくなる失敗**

再起できる失敗とは、次の二つのいずれか、あるいは両方を指す。

・最大限の努力をした結果の失敗

・投資家や周りの人に対して、最大限の誠実さを尽くした結果の失敗

つまり、仮に起業した会社がうまくいかなかったとしても、精一杯、誠実に努力した結果であれば、世の中から再起のチャンスが与えられるのだ。加藤さんは説明する。

「失敗をしたときに大事なのは、まずは関係者や自分を信頼してくれる人に直接きちんと説明することだと教授は言います。小耳に挟んだ話で知るのは、投資家にとっても気持ちのいいものではありません。また、失敗した本人にとっても、ごまかさずに話すことで、気持ちの処理も早く進み、周りの協力も得られて、次の挑戦に進む準備ができます」

再起が難しくなる失敗とは、法に反するような不正・不祥事はもちろんのこと、次のようなことが原因で失敗してしまったケースだ。

・起業家がなまけていた

・投資家に納得のいく業績説明をしていなかった

こうした起業家の評判は瞬く間に投資家の間に広がり、起業家として再起するのは難しくなる。加藤さんは続ける。

「スタンフォードの卒業生だから、失敗しても大丈夫、ということでは決してありません。成功した起業家であっても、一度起業して失敗して、どこかに就職して生活を立て直して、もう一回、起業に挑戦、というような話はたくさん聞きます。一度失敗したあと、もう一度、チャンスが与えられるか、というところがポイントとなるのです」

教授によれば、失敗から立ち直る方法は次の二つ。

必要なのは、「誠実な説明」、取り戻すのは、「信用」だ。

①投資家に対する説明責任を誠実に果たす。家族や近しい人に対しても、ありのままに事情を説明する
②仮に生活のために、起業を一旦あきらめて一般企業に就職することになっても、目の前の仕事で成果を出し、対外的な信用を取り戻す

加藤さんは説明する。

「失敗を対外的に説明するときに、出来る限り、客観的に事実を伝えることが必要です。最もやってはいけないのは、『市場が悪かった』というように、コントロールできないものに責任を転嫁するような説明方法です。そうではなく、戦略面でどのようなミスがあったのか、ビジネスモデルのどこがダメだったのか、マネジメント人材は適切だったか、客観的に分析して報告することが大切なのです」

前出のジェフリー・フェファー教授が組織の中で失敗したときに、再起する方法としてあげているのも、「誠実な説明」と「信用の回復」だ。

しかし、実際、組織の中でも、起業時においても、自分に危機が迫ってくると、「どうしたらその場をしのげるか」「どうするのが自分にとって楽か」「どうやったらごまかせるか」など、逃げることを考えてしまう。ところが、そこで逃げてしまうと後から「信用の失墜」という形で何倍にもなって返ってくる。

卒業後、シリコンバレーで経営コンサルタントとして第一線で活躍する加藤さんは、今も、グロースベック教授とフェファー教授から学んだことを忘れていない。

「問題に直面しても、その場で短絡的に自己防衛することはせず、一歩ひいて、『最も誠意のある対応はどのような行動か』『他人からの信頼を回復するためには、どうするのがいいか』と長期的なメリットを考えてから行動しようと思うようになりましたね。将来、大きな失敗に直面しそうになったとき、こうした心構えを思い出せるかが、自分への最大の課題だと思っています」

失敗から再起できるか、できないか。それは、結局のところ、失敗した人の人間性とその後の行動にかかってくるのである。

第三章

外資系企業の失敗力

第一章と第二章では、グローバルリーダーの養成機関である経営大学院で学生がどのように失敗力を鍛えるのか、教授は「失敗」をどのように教えているかについて伝えた。

ここからは、グローバルビジネスの最前線で活躍する日本人エリートたちが、いかに失敗体験から学び、自らの成長へと生かしてきたかを紹介したい。また企業が社員の失敗をどのように生かし、成長の源泉としているかについてもお伝えする。

世界最大の経営コンサルティング会社、マッキンゼー・アンド・カンパニーは、グローバルリーダーを輩出する企業として有名だ。マッキンゼーの卒業生は、ビジネス、政治、NPOなど、あらゆる分野で活躍。彼らは、なぜ、リーダーとして社会にインパクトを与えることができるのか。そこには、リスクをとって挑戦することを評価するマッキンゼーの文化があった。彼らはマッキンゼーを卒業後も挑戦することをやめない。

ここでは、中国・上海で游仁堂《ヨーレン》を起業した金田修さんと、インドネシアでNPO法人コペルニクの代表として活躍する中村俊裕さんの失敗力を紹介する。金田修さんは、三十三歳でマッキンゼー日本支社のパートナーに就任したエリート中のエリート。中村俊裕さんは、二〇一二年、世界経済フォーラム（ダボス会議）でヤング・グローバル・リーダーズに選出された。

マッキンゼー・アンド・カンパニーの失敗力

マッキンゼー・アンド・カンパニーの失敗力①　金田修

●このプレゼンはマッキンゼーのクオリティではない

金田《かねだ》修《おさむ》さんが財務省を退職し、マッキンゼーに入社したのは、二〇〇一年。二十六歳のときだった。財務省で数字の分析力と論理的思考を鍛えられた金田さんにとって、マッキンゼーの仕事はその能力をフルに生かせる仕事だったという。

「財務省の仕事に似ているなと思いました。財務省出身者であれば、アソシエイトとして入社した場合、二年目ぐらいまでは、財務省で身につけた能力で十分にやっていけると思います。ただしそれ以降は、別の能力とスキルが必要となってきます」

金田さんは、入社後、財務省時代に培ったスキルを存分に生かし、長時間労働もいとわず人一倍働いた。その結果、入社当初から数々のプロジェクトで活躍し、上司からも高い評価を得ることになった。

「当時は、あまりに仕事が順調だったため、自分はコンサルタントとしてもう一人前なんじゃないかと誤解をしていたところはありましたね」

ところが、二〇〇三年に担当したあるプロジェクトで、金田さんは初めて挫折を味わうこととなる。それは、鉄道会社からの依頼で、「指定された六つの区間で競合にどう勝つか」ということを提言するプロジェクトだった。

スタッフは金田さんと新人コンサルタントとパートナー（共同経営者）の三人。金田さんが中心となって、百枚に及ぶプレゼンテーション資料をつくり、最終報告会で、鉄道会社の役員の前で発表した。プレゼンは主に金田さん自慢の分析と、その分析から得られる示唆で構成されていた。

渾身のプレゼンを終えた金田さんに、役員はぽつりと言った。

「金田さんの分析、面白く拝聴しました。それで、僕は競合に勝つために、何をやればいいんですか？」

金田さんは、少し考えて答えた。

「そうですね。やらなければならないことは数多くあります。それはプレゼンテーション資料のいくつかのページに列挙されておりまして……」

課題リストを細かく羅列しようとしたところで、それまで黙って聞いていたパートナーが口を開いた。

「このプレゼンはマッキンゼーのクオリティではありません。申し訳ありません。持ちかえってやり直します」

金田さんは、何が何だか分からないまま、その場を後にした。ただただ、恥ずかしい思いでいっぱいだった。後日、パートナーが作り直したプレゼン資料を見て、金田さんは自分のプレゼンがなぜダメだったのかを痛感することになる。

「『社長と役員が何をすればいいのか』を提言するためのプレゼンになっていました。なぜ競合に負けてきたのかに始まり、巻き返しのポイントは何か、そしてそれにはトップが何を決断すればいいのか、というストーリーで語られていたのです」

金田さんは、それまで、論理と数字の分析にこそ価値があると思っていた。

マッキンゼーのコンサルタントが高い報酬を得られるのは、クライアント企業のトップマネジメントが今まで知りもしなかったこと、仰天するような事実を発見して、付加価値として提供することができるからだと思い込んでいた。

「分析結果なんて、ストーリーの中で語られなければ一円の価値もありません。頭のいいことを誇示することがマッキンゼーのコンサルティングではないのです。トップの意思決定につながる提言ができるかどうかが勝負なのです。そしてトップの意思決定は、常にシンプルでなければなりません。何ページにもわたってやることがあるなんて言うのは、こちらの頭が整理されていない証拠なのです」

金田さんがこの失敗を生かすチャンスに恵まれたのは、その後まもなくのこと。東南アジアでのプロジェクトに携わったときだ。

「電車は百車両あるのに、半分程度しか動いていない。一車両でも多く動く仕組みをつくってほしい」――偶然ながら、このときも鉄道会社からの依頼だった。

稼働していない理由を探ってみると、メンテナンス部がきちんと機能していないことが分かった。

しかし、メンテナンス部の言い分はこうだった。「そもそもメンテナンスをする部品が多すぎるし、メンテナンスしようにも部品がない。これは我々の問題ではなく部品を調達する購買部の問題だ」。最低限の仕事をしていれば給料がもらえる公共機関であることもあり、メンテナンス部に改善意欲はなかった。さらに、サプライヤーとの癒着問題やコーポレートガバナンスの問題など、様々な問題が入り組んで関係していることも分かってきた。

金田さんは、二人のチームメンバーとともに、何を解決して何を放置するかを検討した。動いていない車両を一台でも多く動かすには、誰がどういう基準で何をやればいいのか？　そこから発想していった。現地のトップマネジメントと相談しながら、メンテナンスから運転計画まで、一から仕組みをつくりなおした。心がけたのは、マネジメントにとってても現場で働く人たちにとっても、分かりやすい仕組みにすることだった。

すると、現地の鉄道会社から、毎日、金田さんのチームメンバーの携帯に、メールで報告が舞い込むようになった。

「きょうは、何車両、動きました！」

最終的には二十もの車両を再稼働させるのに成功した。

「これまで眠っていた電車が一車両ずつ動き出すのを見て、『やっと自分も一人前のビジネスコンサルタントになったな』と初めて思いましたね。自分が描いた絵のとおり、人が動き、電車が動いたわけですから」

日本での失敗が、海外の鉄道会社で生かされることになったのである。

●マッキンゼーはリスクをとる人を評価する

金田さんは、その後、三十三歳でパートナーに昇進する。当時、日本支社で最年少のパートナーとなった。二十六歳で入社してから六年半でのパートナー就任も快挙と言える。

なぜ、こんなに早くパートナーになることができたのか？

「マッキンゼーは、リスクをとって挑戦する人を評価するのです。これは自分が人事評価をする立場になって分かったことですが、マッキンゼーには若手でもどんどんチャンスを与えて、どんどん重用する文化があるのです。僕の場合は、海外での仕事に積極的に取り組んだことで大きく成長したことが評価されたのではないかと思います」

金田さんは、前述の東南アジアでのプロジェクトをはじめ、ヨーロッパに招聘され、多くのプロジェクトを手がけた。

「一度、海外プロジェクトをやると、そこで一緒に仕事をしたパートナー達と信頼関係が生まれ、次々と海外から声がかかるようになります。そうするとさらにグローバルな人的ネットワークが広がっていってみんなが助けてくれるようになります。すると、さらに仕事がやりやすくなるのです」

金田さんの場合、休職中に挑戦した社会貢献活動でさえ、プラスに評価された。

「アソシエートプリンシパル（注・パートナーの一つ手前で、日本支社の経営にも携わるようになる職位）になったときに、コンサルティングをやりきったという思いもあり、マッキンゼーをやめようと思ったことがあります。このとき、二ヶ月程休職して、社会起業家を支援するためのファンドを日本で設立する活動をはじめたのです」

金田さんは、休職中、ニューヨークに本部がある「アキュメン」（パキスタンやインドなど途上国で社会起業家を支援するファンド）に、日本でアキュメン・ジャパンを立ち上げないかと提案。日本で運営する許可を得て、設立準備にとりかかった。

「結局、マッキンゼーに戻ることにしたのですが、その休職期間を含む時期についても、『起業家精神にあふれていて将来のリーダーになる可能性がある』などと評価されていて、驚いたのを覚えています」

グローバルビジネスは、ものすごい早さで進化している。その中で、挑戦しないコンサルタントは、取り残されるだけだ。

「コンサルタントって、現状に挑戦するのが仕事だと思うのです。マッキンゼーで『リスクテイクはリワードする』と言われるのは、常に先を見越した提言をしないといけないからです。若いコンサルタントの方々にはどんどんチャレンジして、パートナーをめざしてほしいと思いますね」

経営者となった金田さんは、いま、マッキンゼーの若手卒業生や彼らを通じて知り合った若者たちが海外で起業に挑戦する際、相談にのったり、時には出資をしたりすることもあるという。挑戦する人には支援を惜しまないのがマッキンゼー流だ。

●中国企業内部からの造反

金田さんは、二〇一一年、マッキンゼーを退職し、中国・上海で游仁堂《ヨーレン》を創業。マッキンゼーで、アジアの消費財流通業を専門にコンサルティングをしているうちに、自分も成長市場の中国でビジネスを立ち上げてみたいと思ったのがきっかけだ。

中国市場の消費財業界で、日本企業の地位は低い。通用しているのは自動車メーカーぐらいだという。ここにあえて自動車以外の消費者向けビジネスで挑戦したいと起業した。

「中国のB toCビジネスで存在感があるのは、台湾、韓国、ドイツ、フランスなどの企業です。日本の商品は高品質なのに、中国では勝てていません。自動車販売の例でいうと、二〇一一年の販売台数は中国だけで一八五〇万台。ASEAN諸国は全部合わせても二五〇万台。ＡＳＥＡＮのシェアを一〇〇%とっても、中国で一五%シェアを取ったらかないません。アジアの消費者と向き合いたい、彼らを豊かにしたい、というのであれば、中国に本気で取り組まなければもったいないと思いました」

游仁堂は、創業当初、アパレル事業を中心に中国でビジネスを展開していたが、その後、事業内容が三転、四転し、現在は、オンラインマーケティング事業が主体だ。

「わらしべ長者のように、ビジネスを一つ一つたぐりよせている感じです。今は、日系企業や日本ブランドを取り扱う外資系・中国国内企業を顧客としたオンラインマーケティング事業が軌道にのっています」

游仁堂の名前を中国で一躍有名にしたのは、二〇一二年の「饅頭小町（包子西施）」（美しすぎる饅頭売りの女性）ブームだ。

游仁堂は、北京の饅頭屋で働くかわいい女性を「饅頭小町（包子西施）」と名付け、中国版ツイッターでアイドルのように売り出した。この饅頭小町に自社ブランドの洋服を着せて、洋服を売るためだ。饅頭小町は中国人のオタク男性の心をつかみ、プロモーションは大成功。インターネット上に二百以上の関連記事が出て、四千万ものビュー数を獲得。中国版検索サイト百度《バイドゥ》の人物検索ランキングでも二週間続けて二位になった。その結果、ブームの仕掛け人として游仁堂が注目されることになった。

この中国版ツイッターやBBSを使って、「話題を提供してしかける」オンラインマーケティングは、游仁堂の主力事業となりつつある。

このように順調に中国でビジネスを拡大させている金田さんだが、ここにたどりつくまでには、紆余曲折が数多くあった。

中でも、忘れられないのが、中国企業内部からの造反事件だ。

二〇一一年、金田さんは、ある中国大手アパレルメーカーからブランドの立て直しを依頼された。「コピー商品ビジネスから脱却して、オリジナルの商品をつくりたい。その商品開発から販売まですべてを見直したいので、一緒にやってほしい」とCEOから直接頼まれたという。

このアパレルメーカーは、中国国内に七千店舗を展開する中国最大規模のメーカー。株式を上場したばかりで、キャッシュもふんだんにあった。そのため、ブランドの再建を游仁堂とその株主兼ビジネスパートナーであるチームラボ（東京都文京区、猪子寿之社長）に丸ごとまかせることにしたのである。

金田さんは、チームラボのクリエイターたちに加えて、一流のイベントプロデューサー

（東京ガールズコレクションを担当者）や服飾デザイナー（ヨウジヤマモト出身で自らブランドを手掛ける）などを日本から呼び寄せ、「オールジャパンチーム」をつくりあげた。皆、日本での仕事を犠牲にして、中国で新しいブランドを創出するために、金田さんの元に集結した人たちだった。日本チームは叡智を結集して、新ブランドの世界観やコンセプトを提案。しかし、なかなか中国側の現場は動かない。

「こんな地味なものは売れない」

「フランチャイズ型事業モデルの前提は高利益。デザインやパターンに余計なお金はかけられない」

「中国市場を知らないくせに、勝手なことを言うな」

金田さんは振り返る。

「この会社は三級都市・四級都市といわれる地方都市に強く、主要な店舗は、砂埃が舞うような路面にある店舗でした。そんなところでかっこいい服を売っても、売れるはずがありません。日本で消費者がモノを買うのは、ほとんどが情報に溢れた大都市です。だから逆に情報を絞った、いわば削ぎ落したデザインが洗練されていてかっこいいと思われますが、中国の地方都市では、どぎついほど派手なほうがいいのです。今振り返れば日本の文化をそのまま中国に持ち込もうとしたのは失敗だったな、と痛感しています」

残念ながら、日本チームの提案はなかなか実行に移されなかった。それどころか、金田さんのチームを支援してきた人たちが進捗の遅さの責任を取らされる事態となった。味方だった人がどんどん要職からおろされ、現場の意向を汲んだ人が後任に就任。中には、退職に追い込まれた役員もいた。

「日本チームが幅を利かせすぎたことに、危機感を持ったのです。『市場の分かっていない日本チームに新しいブランドを創られてはたまらない』『このままでは中国側は下請けみたいになってしまう』というような反発心を持っていた人もいました。それは中国企業にとっては堪え難いことでした」

このプロジェクトの新任責任者が反旗を翻すと、CEOは日本チームを撤退させることに同意。契約は途中で打ち切りとなり、游仁堂のもとには一年契約で借りたアパートと途方に暮れた日本人クリエイターたちだけが残された。

「中国企業と仕事をするときは、『点ではなく面でつきあう』ことが必要だと学びました。一人と信頼関係を結んでいてもダメです。その一人がいつ社内政治でうちおとされるか分からないのです。この例で言うと、ある役員が飛ばされたらCEOまで反対意見を食い止められなかったのですから、もっと多くの関係者と信頼関係を結んでおくべきでした」

　金田さんは、契約終了に伴い、このプロジェクトのために雇った中国人社員を一部解雇せざるをえなくなった。そして、オールジャパンチームも解散となった。

「オールジャパンチームの皆さんには、出来る限りの配慮をさせていただきました。覚悟を持って上海に来てくださった方々ですから、中国企業に一方的に契約を打ち切られたからといって、游仁堂の仲間であることには変わりありません。それでも華々しい経歴を持つ彼らの中には『中国で負けてしまった』と傷ついてしまった方がいらっしゃったのも事実です。そこが一番つらかったです」

　前述のとおり游仁堂は現在、日本ブランドを顧客としたオンラインマーケティング事業を順調に拡大しつつあるが、このときの失敗は大きな教訓となっている。

　まず一つ目は、「日本で評価されている商品やサービスをそのまま中国に持ち込んでも失敗する」ということだ。

　日本発のものを中国でビジネスにするためには、まず中国の文化やビジネスのルールを尊重しなければならない。現地の人の声をきき、それを反映して、提供するモノや価値を根本から見直す。そのためには「単に日本製だからよい」ではなくて、「日本以外の市場では一体どういう価値を持った商品・ブランドなのか」ということを提供する側が理解しておく必要がある。

二つ目の教訓は、「人を採用するときは慎重に」ということだ。一つの契約がダメになったことによって、多くの人が游仁堂を去ることになってしまった。これは、さすがの金田さんにとってもつらいことだった。しかしながら、こうした失敗を体験しながらも金田さんは、中国での挑戦をこれからも続けていくつもりだ。

「一つ一つの事象でバタバタしないようにしています。失敗しても三十分以上は落ち込みません。中国でのビジネスは、予想もつかないことが起きますから、アドベンチャーゲームをしているような感覚になることもあります。それでもこの国の成長とスピードは魅力的ですし、日本に帰国するつもりも当分ありません。失敗しても大丈夫だ、という妙な自信はマッキンゼーのときに身についたのかもしれませんね」

社名の游仁堂は、論語の「仁に依り、芸に游《あそ》ぶ」＝思いやりの心に従い、技芸を楽しむ、という一節から名付けた。游仁堂の社内公用語は英語。目指すのは、中国にもまだ少ない、多様な価値観を受け入れるインターナショナル企業だ。

マッキンゼー・アンド・カンパニーの失敗力②　中村俊裕

●エクセルシートの増殖でパニック

ＮＰＯ法人コペルニクの代表としてインドネシアで活躍する中村俊裕《なかむらとしひろ》さんは、二〇〇一年、スイスの国連研究機関から東京のマッキンゼー・アンド・カンパニー日本支社に転職した。二十六歳のときだった。

途上国の現場で開発援助を行いたいと思っていた中村さんは、国連スタッフとして市場調査や実務を学んでいたものの、ビジネスの現場経験はなかった。開発援助に必要なビジネスの知識を最も早く勉強できる場として、マッキンゼーを転職先に選んだのだ。

入社後、まず戸惑ったのが、国連とのギャップだ。

「国連とは仕事のスピード感が違いましたね。『これ、やっておいて』と仕事を頼まれたので、一週間ぐらいかけてやればいいのかと思ってのんびりやっていたら、一時間で仕上げなくてはいけないと言われて、焦ったこともありました」

加えて、マッキンゼーでは、取り扱うビジネスの領域も業種も広範囲。ものすごいスピードでその分野のエキスパートになることを求められる。中村さんは、専門分野ではないプロジェクトで、苦戦を強いられた。

「人事系や海外進出系のプロジェクトは比較的取り組みやすかったのですが、半導体とか、金融とかの専門的な分野のコンサルティングでは本当に苦労しました。こうした苦手なプロジェクトには、貢献しようにも、努力のしかたさえ分からない状況でした」

入社一年目、試行錯誤で一つ一つのプロジェクトに取り組む中、その「失敗」は金融のプロジェクトで起きた。金融は、中村さんの得意分野ではなかった。中村さんに割り振られた仕事は、三十枚ほどあるエクセルのシートを全部で三十箇所ほど修正すること。三十枚はすべてモデリングされていて、元データを一つ直すと、すべてに反映されるようになっていた。

土曜日にオフィスで中村さんが一人、エクセルと格闘していると、三十枚のあらゆるところにエラーメッセージが出現しはじめた。元に戻すにも、どこをどう直していいか分からない。

「計算式を入れなおす作業をしていたのですが、色々なシナリオの前提条件をうまくエクセルに反映することが出来ませんでした。一つを変えれば全部シートにリンクするようなモデルにするべきところ、それがよく分からず、色々なバージョンを一つ一つ作成してしまって、収拾がつかなくなったのです」

焦れば焦るほど、バージョン違いのシートの数が増えていくばかりだった。

「もうだめだ……」

中村さんは、半ばパニックとなり、プロジェクトリーダーに電話した。

「エクセルがぐしゃぐしゃになってしまいました……」

リーダーは、エクセルが苦手なことを承知で中村さんに仕事をお願いしていた。

「このプロジェクトの間、『ファイナンシャルモデルの件、大丈夫?』とよく聞かれましたから、やばそうだということは薄々感じていたのだと思います。結局、土曜日にオフィスに駆けつけてくれて、リーダーが全部直してくれたのです。僕はただ、横で見ているだけでした」

この失敗から中村さんは、マッキンゼーはこうして新人を育成していくのだと知る。

「チームメンバーが失敗しても、きちんとリーダーがフォローする仕組みが出来ているのです。マッキンゼーの仕事は、基礎レベルの分析であっても相当高度ですから、新人だと出来る人と出来ない人がいるのです。だからリーダーは、いざとなったらすべて自分がフォローすることを前提に、メンバーに仕事を割り振るのです」

マッキンゼーでの一年半は、中村さんを大きく成長させることになった。現在、国際的なNPO法人のトップをつとめる中村さんは、部下に仕事をお願いするときに、このマッキンゼー流を貫いている。

「仕事量も内容も、能力より少し高めの仕事をお願いしますね。スタッフは大変そうにしていますが、『容易に出来るような仕事では人間は成長しない』と返しています。出来なかったら、私と共同創設者（エヴァ・ヴォイコフスカ氏）のどちらかがフォローする仕組みになっています」

●金曜日に仕事ですか？

中村さんは、マッキンゼー退職後、国連開発計画（UNDP）に転職。在職中の二〇〇九年、NPO法人コペルニクをアメリカで創設した。

コペルニクは、途上国の最貧困層が暮らす地域（ラストマイル）でシンプルなテクノロジーを使った製品・サービスを提供。途上国の人たちのニーズに応えながら経済的自立を支援している。

インドネシアを拠点に、アジア、アフリカを中心に十三ヶ国で支援活動を展開。ライト、浄水器、調理用コンロなど、製品費用の一部をコペルニクが負担し、最貧困層の人たちが買いやすい価格で販売する仕組みだ。これまで十四万人を超える人々に新しい製品を提供し、生活改善に貢献してきた。

スタッフはおよそ三十五人。インドネシア人、オーストラリア人、ドイツ人など、多彩な国籍とバックグラウンドを持つ人たちが参加している。

二〇一三年現在は、寄付などの収入が百万ドルを超え、順調に援助活動を行っているコペルニクだが、その成長の過程には苦難の時代もあった。

中村さんがコペルニク創設後、最大の危機に見舞われたのは二〇一〇年。寄付金が思うように集まらず、口座の残高が三千ドルにまで落ち込んでしまったのだ。残高が極限まで減少し、次の月のスタッフに払う給料さえないという事態だった。しかし、中村さんは、「コペルニクは失敗したからもうやめよう」とは決して思わなかったという。

「寄付が決まりそうな案件がありましたし、『絶対いける』という感覚があったのです。キャッシュフローの問題だけですから、それは失敗ではなく、解決できる問題です。世界の人々の生活を変える意義のある仕事なのですから、規模を小さくしてでも何とか続けようと思いました」

結局このときは、タイミングよく企業からの寄付の申し出があり、幸運にも難を免れた。コペルニクはその後、存続の危機を何度も乗り越えてきたが、こうした経験は中村さんにとっての失敗体験ではないという。

中村さんが創設後初めて「失敗した」と思ったのは、インドネシアに拠点を移し、多国籍の人たちのマネジメントをはじめたときのことだ。

国民の九割がイスラム教というインドネシアで、中村さんは、アメリカで仕事をしていたときと同じ感覚で、スタッフに仕事を割り振っていた。

「金曜日のお昼をはさんで、スタッフが参加するイベントを開催しようとしてしまったんです。そうしたら、インドネシア人のスタッフが『え?』とビックリしたのです。何かと思ったら、その時間は、お祈りの時間で、仕事が出来ない時間でした。スタッフから信頼を得るために、宗教を理解するのは必須なのに、それを怠ってしまったのです」

毎年ラマダンの時期は、仕事のペースが落ちることを余儀なくされる。

「日の出から日没まで断食をしますから、当然、インドネシア全体での仕事の効率が落ちるのです。本来、ラマダンの一ヶ月は予定通り仕事が進まないことを前提に計画を立てなくてはなりません。これも、最初のうちは慣れずに、イライラして、自分だけが空回りしていました」

中村さんは、ＵＮＤＰの仕事でインドネシアに二年間駐在したことがあり、宗教に関しては特に気を遣っていたつもりだったが、ＮＰＯの代表となり仕事に追われる中で、スタッフへの配慮がおろそかになってしまったのだという。その結果、立ち上げの大事な時期だったにもかかわらず、スタッフとの信頼関係を築くのに時間がかかってしまった。

この失敗以来、中村さんが細心の注意を払うのがスタッフとのコミュニケーションだ。

「同じ英語圏でも、オーストラリアとアメリカの文化は違いますし、アジアと欧米の文化ももちろん違います。ダイレクトに伝えるか、婉曲してやわらかく伝えるか、というところまで、気を遣っていますね」

コペルニクの仕事の舞台は、十三ヶ国にも及ぶ。当然、スタッフは出張が多く、中村さんも世界中を飛び回っている。インドネシア、東ティモール、日本など色々な場所にスタッフが散らばるので、コミュニケーションを密にしないと歯車が合わない場合がある。三十五人の小さな組織で、スタッフ間の不協和音やミスコミュニケーションは致命的だ。

そこで、多彩な国籍を持つ人たちを一つにまとめるために、中村さんが行ったのが、三ヶ月に一回の業績説明ミーティングで、『失敗』や『不満』をシェアすることだ。

中村さんは、スタッフにアンケートを実施し、それを元に匿名で事例を作成し、解決策を全員で考える。

「こういうEメールを送ったところ、取引先からこんな苦情が来ました。どういう風に改善したらいいでしょうか」

「こういう報告書を同僚に送ったところ、『これじゃ、分からない』と言われました。どう改善すればいいでしょうか」

「DさんとEさんは同僚で、同じプロジェクトを担当しています。Dさんは自分ばかりが長時間働いている、とEさんに対して不満に思っています。どうしたらいいでしょうか」

多国籍の人たちのマネジメントで必要なのは、お互いのバックグラウンドを理解することとビジョンの共有だという。

「実際にあった問題をシェアして、皆で考えるというのは、コペルニクのカルチャーとなりつつあります。開発援助はやってみないと分からないことばかりですから、組織の共通のビジョンを常に共有しておくことが大切なのです」

ボストンコンサルティンググループの失敗力

マッキンゼー・アンド・カンパニーと双璧を成す経営コンサルティング会社、ボストンコンサルティンググループ（ＢＣＧ）。東京オフィスは一九六六年創立。ボストンに次ぐ世界第二の拠点として設立された歴史あるオフィスだ。そのコンサルティング手法は、日本企業の個別のニーズに合わせて臨機応変に変えていくのが特徴。ＢＣＧの提案する解が「個別解」だと言われるゆえんだ。

ＢＣＧの企業文化もまた「個」を重視することで知られる。そのためコンサルタントは皆、個性派ぞろいだ。

卒業生は各分野のリーダーとして活躍しているが、中には海外に飛び出し、起業家になる人も少なくない。シリコンバレーと南米チリで起業に成功した樫山雄樹さんと、ＢＣＧパリオフィスでの勤務を機に、フランスで起業した方健太郎さんの二人にＢＣＧ流の失敗力を取材した。

逃げた失敗の代償は大きい

BCGの元コンサルタント、樫山雄樹《かしやまゆうき》さんには、自分が『負の連鎖』に入ってしまったと感じた新人時代のプロジェクトがある。

それは、二〇〇〇年のこと。アジア地域のインターネット事情について、フィリピン、タイ、マレーシア、オーストラリア、インド、中国など各国が調査報告を提出するという二ヶ月間のプロジェクトだった。

まとめ役となったのはBCGクアラルンプールオフィス。共通のテンプレートが用意され、それに従って各国のコンサルタントが大企業などを対象にアンケートやインタビューを実施するという内容だった。結果は小冊子にまとめられ、BCGの広報用資料として活用されることになっていた。

日本パートの担当者として任命されたのは、新入社員の樫山さん、ただ一人。しかし、樫山さんの気持ちは乗らなかった。

英語か、面倒くさいな……。このプロジェクトはグローバルプロジェクト。当然のことながら、報告書の作成もクアラルンプールとのやりとりも全部英語だった。

「今でこそ、スペイン語圏のチリでビジネスミーティングの相手が英語を話せると分かると『助かった』と喜んでいますが、僕は日本生まれの日本育ちで帰国子女でもありませんから、当時は英語に対する苦手意識がありましたね」

やる気がおきなかったのには、もう一つの理由があった。それはクアラルンプールオフィスが用意した調査用の共通のテンプレートに対して不満を感じていたことだった。アンケートの質問が、インターネットの普及が遅れていた国々を前提に設計されていたのだ。

「当時、日本は他の調査対象国と比べて、インターネットの普及が圧倒的に進んでいました。それなのに、『あなたの企業では社内コミュニケーションのツールとしてインターネットを利用していますか』といったような基本的な質問が多く、時間を使って調査することの価値が見出せなかったんです」

プロジェクトリーダーはクアラルンプールにいて、東京にお目付役もいなかった。樫山さんはこのプロジェクトに対して気持ちが乗らないまま、並行して担当していた別のプロジェクトにばかり時間を使うようになっていった。

しかし、このちょっとした手抜きがもたらした影響は大きかった。

結局、日本から興味深い調査結果を報告することができず、世界に配られる小冊子には日本の状況がほとんど掲載されなかったのである。

そして、樫山さんに対する評価は厳しいものとなった。このプロジェクト後のパフォーマンス評価で、「調査スキルに課題のある新人」というレッテルが貼られてしまったのだ。

「一度そういう評価を下されると、挽回するのは難しいものです。特にコンサルティングファームはプロジェクト単位で動きますから、少しでも良くない評判がたつと次のプロジェクトに呼んでもらいにくくなるのです。そうすると『負の連鎖』に入っていきます」

敗因は何だったのか?

「『挑戦することから逃げてしまったこと』だと思います。苦手な英語、不満に思った調査テンプレート、どちらにも、挑戦しなかったのです。今だったら、アンケートの設計から携わり、調査報告に日本を入れる意味と位置づけを明確にするなど、自分からイニシアティブをとって、内容の改善を提言するでしょうね。でも当時は、目の前の仕事から逃げてしまったんです」

その後、樫山さんは、ヘルスケア系のプロジェクトで、悪い評判を覆すべく猛烈にインタビューやアンケートに取り組む。すると、周りからの評価も変わってきた。

「あるパートナーに『カシヤマ、いいインタビューができるじゃないか』と言われました。これまでどれだけ評価が低かったのかと思いました。先輩コンサルタントからは、『実績を残せば、次にも良い仕事ができる』と言われましたが、逆に残さなければ、それを挽回するのに何倍もの努力をしなくてはいけないのです」

新人時代のこの手痛い失敗で、樫山さんは『逃げる』ことをやめたという。その後のシリコンバレーやチリでの起業への挑戦には、このときの教訓が生かされている。

●南米チリで苦渋の決断

「人の採用は本当に難しいです。起業して最も苦労しているのは、人材マネジメントではないでしょうか」

樫山さんは、ＢＣＧで五年間、経営コンサルタントとして様々なプロジェクトに従事した後、カリフォルニア大学バークレー校ハース経営大学院にＭＢＡ留学。卒業を機にＢＣＧを退職し、二〇〇七年、アメリカ・シアトルで起業した。

数人のビジネスパートナーと共同創業したのは、Bio Architecture Lab社（バイオ・アーキテクチャー・ラボ、以下BAL)。BALは最先端のバイオテクノジー企業だ。海藻類から代替エネルギーなどを生産する技術を開発し、事業化することを目指している。

創業後、BALは昆布やワカメなどの海藻類に含まれるゼリー状の多糖類(アルギン酸)をバイオエタノールに変換する技術の開発に成功。現在は拠点を、シアトルからバイオテック企業が集まるシリコンバレーに移し、海藻類から、再生可能燃料や化学品原料を生産する研究開発を行っている。

樫山さんはBALの創業者兼CEOを務めた後、二〇一〇年、子会社であるBAL CHILE社(バル・チリ)のCEOに就任。現在は南米チリのプエルトモント市に拠点をおき、チリ政府と共同で海藻類からバイオエタノールを生産する実証実験を続けている。

アメリカとチリでの創業に成功し、順風満帆にみえる樫山さんだが、現在に至るまで、いくつかの苦難を乗り越えてきた。特にバル・チリの組織をゼロから作りあげる過程には、相当な紆余曲折があった。

樫山さんら創業者メンバーは二〇〇八年、バル・チリを設立したとき、会社をまかせる人材として、アメリカでGさんを採用してチリに派遣した。

Gさんとは、共通の知人を介して知り合った。アメリカの名門大学卒で、スタートアップ企業の経験に加え、南米企業で管理職として十数年の勤務経験があり、経歴・実績ともに申し分なかった。しかも、スペイン語も話せ、チリでの人脈も豊富。樫山さんらはGさんに全幅の信頼を置き、バル・チリの採用や組織づくりをまかせることにした。

バル・チリの最初のミッションは、海藻類からバイオエタノールを生成するための海藻養殖を実施することと、工場（パイロットプラント）を建設すること。しかし、なかなか計画通りに進まなかった。

「Gさんの人脈は申し分なく、政府の要人とのパイプも持っていました。出張でチリを訪れると、そうした要人ともミーティングを設定してくれましたし、課題等について建設的に議論することもできる人でした。ただ、現地を訪れている間はプロジェクトが順調に進んでいる感じがするのに、アメリカに戻って進捗をモニタリングしていると、どうしても遅延ばかりが目立つ。Gさんは、賢いし人脈も豊富だったのですが、オペレーションには不向きだったのです」

Gさんは、事業の「立ち上げ前に」大きな力を発揮してくれる人材だった。そこに追い打ちをかけるような事実が発覚する。

何かがおかしい、と感じ始めたのは、バル・チリ設立後、半年ほど経ったときのことだ。チリからの月次財務報告を見ていた樫山さんは、いやな予感がした。

プロジェクトの進捗と経費項目・推移がマッチしない……。支出額が大きすぎる……。

樫山さんらが調査に乗り出したところ、使途不明の支出が多数見つかった。

「バル・チリは会計士も雇っていましたし、Gさん自身、学歴も職歴も立派ですから、財務を細かく調査したときは、まさか、という気持ちでした。しかし、見逃すわけにはいきません。自らチリに行って、別の会計事務所による会計監査を実施し、弁護士を伴って面談に臨み、解雇を言い渡しました」

その後、樫山さんはGさんが採用した人たちも、ほぼ全員解雇することを決断する。

「チリに移籍した当初はGさんが集めたスタッフで再スタートしようと考えていましたが、〝Gさん流の会社運営〟に慣れてしまったチームは、なかなか意識を変えることはできませんでした。このチームで遅れを挽回するのは不可能だと判断し、苦渋の決断でしたが新しいチームを一から築き、再スタートをすることにしました」

採用の失敗の代償は大きかった。

「不必要な出費をしたという損失も当然ありますが、進捗が一年近く遅れたのが会社としてはとても痛かったです」

樫山さんは、Ｇさんの後任として自ら陣頭指揮を執るべく、バル・チリのＣＥＯに就任。アメリカからチリに引っ越した。採用の失敗とプロジェクトの遅れの責任を自らとることにしたのだ。

現地の社員も全員、樫山さんが自分で面接して採用した。

「履歴書だけでは分からない部分がとても重要だということを、身をもって実感しました。採用を検討している候補者とは、なるべく一緒に昼食をとるなど仕事以外の話をする機会を設け、人となりを総合的に見るようにしています。その後、バル・チリはスタッフに恵まれて、よい組織が出来上がってきました。最終的には、現地の人にまかせられる形にしていくのが目標です」

ＢＣＧでの失敗、起業してからの失敗の教訓から学び、今も挑戦することをやめない樫山さん。チリで試行錯誤を続けながら、革新的なビジネスを切り開いている。

ボストンコンサルティンググループの失敗力②　方健太郎

●受け身モードから抜け出せない

フランス・パリでEXAパートナーズ（エクサパートナーズ）を経営する方健太郎《かたけんたろう》さんは、一九九六年、大学卒業後、運輸省（現・国土交通省）に入省。イギリス・ケンブリッジ大学の大学院に留学した後、一年半の国土交通省勤務を経てBCGに入社した。

三十歳で中央官庁の官僚からコンサルタントへと転身した方さんだったが、BCGに入社した最初の一年は失敗の連続だったという。

方さんは、BCGに転職する前、国土交通省で、内閣法制局に提出する法律を審査する仕事をしていた。役所のルールにのっとり、内容を検討したり、日本語を校正したりするのが主な仕事だった。そこから、いきなり数字とグラフの世界に飛び込んだのだ。

入社して最初に入ったプロジェクトは、大手レコード会社のプロジェクトだった。

BCGには、CTMとよばれるミーティングがある。CTMとは、プロジェクトチームごとに毎週、設定される定例会議のことだ。そこで、各コンサルタントは各自に割り当てられた業務の報告をしなくてならない。当時は、ＯＨＰを使用していて、レンズの上にＯＨＰシートを載せながら、各自、進捗状況を報告する。ＣＴＭは一分一秒が真剣勝負。少しでも気を抜くとリーダーから集中砲火を浴びることになる。

会議では、新卒でＢＣＧに入社した二十代前半のコンサルタントが、次から次へと分析結果を披露した。

「このグラフを見てください。この分析から、こういうインサイトが得られました。ですから、次の論点は……」

一方、入社したばかりの方さんが用意したのは三枚ほど。しかも文字だけだ。

「方さん、分析ないのかな？　分析！」

プロジェクトリーダーが言う。

「えっ？　分析？」

自分に何を求められているかさえ分からない状況が続いた。

医療機器メーカーのプロジェクトでは、気合いの入ったリーダーから、二十分ごとに電話がかかってきたこともあった。

「方さん、この分析、出来た？」

「いえ、まだです。あと十分ぐらいかかるかと……」

一つ分析結果をメールで提出すると、すぐに電話がかかってくる。

「方さん、こっちの分析、出来た？」

「いえ、出来ていません」

「とにかく早く頼むよ！」

こんなやり取りが、プロジェクトの期間中ずっと続いた。

このように方さんは当時、「時間切れ」が原因で失敗することが多かった。

たとえば、「何千人分のアンケートを様々な角度からクロス集計する」という仕事が割り振られたときは、プロジェクトリーダーやパートナーが会議で助言したことを全部やろうとした。中央官庁では、上司から言われた仕事をすべて忠実にやり遂げるのは当然のことだったからだ。しかし、全部言われたことをやろうとした結果、定例会議での報告に間にあわなくなってしまった。

「ここまでしか、出来ていません……」

叱責はされなかったが、チームに貢献していない人、という烙印が押されたような感じがした。

「上の人に言われたことを、宿題のように全部やっていました。時間ばかりかかって、成果が出ない……そして定例会議でまた何か言われたら、それを全部やろうとして、間にあわない……悪循環に陥っていました」

こんなことが続き、方さんは次第に追いつめられていった。

自分はコンサルタントに向いていないんじゃないだろうか。

人事担当のパートナーに相談に行くと、意外にも、温かく励ましてくれた。

「元役人は、大器晩成が多いから気にするなよ」

会社にはまだ見捨てられていない……。

方さんは、ＢＣＧでもう少し頑張ろうと決意した。そこで、方さんは自分の敗因分析をした。まずは敗因の一つである「時間切れ」を何とか改善しようと思った。

方さんが思いきってはじめたのが、二十代の「先輩」に質問をしまくること。彼らは新卒で入社しているためアソシエイトという職位で、職位は方さんのほうが上だが、ＢＣＧでの仕事のやり方は彼らのほうがよく知っている。

「僕がプライドとかそういうのを気にしない人間だったのもよかったかもしれませんね。ご飯をおごるから、と言って、アソシエイトの方々にマンツーマンで教えてもらいました。そうすると分析の小ワザとか、会議で発表する内容のコツとか、次から次へとレクチャーしてくれました。会議でパートナーやプロジェクトリーダーが思いつきでボンボン言うことを全部やらなくてもいい、ということも教えてくれました」

するると、少しずつ、方さんに対する周りの評価が変わってきた。

「今でも覚えていますが、ある二十代のアソシエイトに『方さんがコンサルタントとしてちょっと立ち上がろうとする姿が見えてきたかな〜』とほめられました（笑）」

そして二年目に参加したあるプロジェクトをきっかけに、仕事に対する姿勢が完全に「受動的」から「能動的」に変わったという。

「プロジェクトリーダーにコンサルティングの醍醐味というか、コンサルティングの本質を教えてもらいました。自分の長所を引き出してもらって、自信がついたんです。そこからですよ。自分のアイデアを先手先手で上司やクライアントに能動的に言えるようになったのは」

この一年目の苦しみは、やがて方さんがプロジェクトリーダーに昇進してから、役立つこととなる。同じような理由で苦労している部下の気持ちが分かるからだ。

「自分もそうでしたが、深く考える人は、考えすぎて煮詰まってしまうのです。そうなる前に苦しんでいる部分を早めに相談してもらうように心がけました。分析が苦手な人は、インタビューなど得意な分野で成果を出してもらって、自信をつけてもらいました。一年目の数々の失敗は、人のマネジメントをする上で大きく役に立ったのです」

ＢＣＧでは、日本の会社のように先輩が手取り足取り新人を指導してくれない。そのかわり、日本企業の十年分ぐらいの仕事を一年で体験させてくれる。その中で数多くの失敗を重ねながら、立ち上がり続けた人のみが生き残る仕組みになっている。

●創業パートナーの辞任

方さんは、ＢＣＧの東京オフィスで昇進を重ねた後、二年間パリオフィスに駐在。その後、ＢＣＧ時代の同僚とともに、二〇一〇年、パリでＥＸＡパートナーズ（エクサパートナーズ）を起業した。ＥＸＡパートナーズは、現在、パリとカリフォルニアを拠点に、主に二つの事業を展開している。

一つは、インキュベーション事業。ＥＸＡ－ＡＩＲ社（日本で発明されたフィルム製のバルブを活用した新しいパッケージ材やクッション製品の開発と製造）やＰＵＬＯＭＡ社（ファッションブランドの海外展開を支援するマルチ言語のマーケットプレイスの開発と運営）など、四つの会社を子会社に持つ。

もう一つは、日本企業の海外展開支援事業だ。楽天やＮＴＴドコモなど、日本の大企業が欧米で新規事業などを行う際、現場レベルでの支援を行っている。

「クロスボーダー起業のフロントランナーをめざし、各国の素晴らしさを融合させて世の中を驚かせる新しい価値を提供する」というビジョンを掲げ、起業した方さんだったが、創業前、最も苦労したのは、ビジョンをともにしてくれるパートナーの人選だった。

「各国の素晴らしさを融合させる事業機会を見つけるには、パートナーの国籍も住んでいる国も多様であるほうがいいと思いました。また、事業の方向性を考えるにあたっても、数人の信頼できるパートナーが必要だと思いました」

方さんは、起業にあたって、ＢＣＧパリオフィス時代に知り合ったコンサルタントたちに声をかけた。その結果、元ＢＣＧの同僚でフランス人のティボ・マレドショニさん（パリ在住）、元ＢＣＧの日本人（東京在住）、元ベイン・アンド・カンパニーのインド人（ドバイ在住）の三人が、方さんの創業ビジョンに共感し、ＥＸＡパートナーズに参画してくれることになった。全員、スキルや能力には申し分のない人たちだった。

ところが、創業間もない二〇一〇年の十二月、ＥＸＡパートナーズの東京の拠点となっていた日本人パートナーが、急遽、退職することになってしまった。

退職の理由は、クライアントからのヘッドハンティングだった。あるドイツのファンドが靴のオンラインショップを日本で立ち上げることになり、ＥＸＡパートナーズに『日本人社長の人選をお願いしたい』と依頼。方さんが東京のパートナーにファンドとのやりとりをお願いしたところ、人選を担当していたパートナー本人が、社長としてヘッドハンティングされてしまったのだ。

「ヘッドハンティングの話が来たとき、すぐこちらに相談してくれたのですが、本人は後ろめたさもあったのか相当悩んでいましたね。でも彼は社長をやりたそうだったのです。電話でやりとりを重ねた結果、最終的には『自分のやりたい方を選べば！』と言って送り出しました」

東京の拠点を失ったのは痛かったが、その翌月、追い打ちをかけるようにドバイ在住のインド人パートナーが退職を申し出た。在職中、中東で事業機会を見つけられなかったことに業を煮やしたパートナーは、ドバイで携帯電話のアプリケーションを開発する事業を自ら立ち上げることにしたのだ。

四人のうちの二人がこんなにも早く辞めてしまうとは……。さすがの方さんもへこたれてしまった。

「創業して一年そこそこでの出来事だったため、大きなショックを受け、心が挫けそうになりました。でも、この先の道のりで待ちかまえている試練と比べたら、全然大したことないじゃないか、と自分に言い聞かせましたね」

進んでいたプロジェクトのいくつかもダメになってしまい、方さんだけではなく、会社としても痛手を被った。

「創業メンバーを選ぶとき、能力やスキルを重視して、ロジカルに選んでしまったのが失敗でした。お互いの相性とか、パッションとか、そういうものを優先するべきだったのです。創業時は大変なことばかりですから、方向性が違っていたりすると、すぐうまくいかなくなってしまうのです」

方さんは落ち込む間もなく、マレドショニさんとすぐさまEXAパートナーズの再建戦略を立てた。そして二〇一三年、新たにアメリカに拠点を設けることを決定した。方さんの幼なじみが新たな日本人パートナーとしてカリフォルニアのオフィス代表に就任した。

「起業してはじめて、創業時のメンバー選びがいかに大切かということを学びました。BCG時代には分からなかったことです。いまは三人体制ですが、お互いの役割も明確になっていてとてもうまくいっています。一緒に苦難を乗り越えたフランス人パートナーとの結びつきはより一層強くなったと感じています。こうした失敗から学んだ経験がなければ、今のＥＸＡパートナーズはなかったと思うのです」

ゴールドマン・サックス／世界銀行の失敗力

一つの投資案件で数千億円を動かすこともあるというゴールドマン・サックス。世界有数の投資銀行であるがゆえに、そこで働くバンカーには高いレベルの結果が求められる。彼らは一つの数字の間違いも許されないような厳しい環境の中で、実績をあげなくてはならない。しかしながら人間だからミスをすることもある。二〇〇一年に同社に入社した小辻洋介さんも、多くの失敗を重ね、上司から叱咤されながら、新人時代を過ごした。

小辻さんに失敗体験を取材した際、数字のミスに関わる失敗談を話してくださるのかと思っていたら、小辻さんは、「そういうミスで怒られたことは数え切れないほどあるが、楽観的な性格なのであまり覚えていない」という。それよりも、小辻さんには、どうしても忘れられないゴールドマン・サックス時代の失敗があった。

そして、その失敗から得た学びは現在、アフリカで国際金融公社の仕事をする上で大きく生かされているという。

小辻洋介

●欧米流の効率主義がすべてではない

小辻洋介《こつじようすけ》さんは、二〇〇一年、大学卒業後、ゴールドマン・サックス証券の投資銀行部門に入社。外資系の投資銀行に就職したのは、将来、開発金融に携わるために、グローバル金融の基礎を学ぶためだった。

小辻さんは、大学四年生のときにインドネシアの農村でボランティア活動をしたことを機に、「将来必ず海外で国際協力の仕事をする」ことを決意。ゴールドマン・サックスはその目標を達成する過程の学びの場としてとらえていた。

ゴールドマン・サックスで新人がまかされる主な仕事は、エクセルでの分析業務だ。それは企業の合併・買収を提案するときに欠かせない企業価値算定資料の基礎データを作る重要な業務だった。当時の小辻さんは、クライアント訪問や社内会議など、席を離れている時間は、「ダウンタイム」に思えるぐらい忙しかった。

「仕事とはいえ、会食などは、本当に参加するのがいやでしたね。席を離れるとその分、本来の作業が滞って、寝られなくなりますから」

大学時代、体育会の空手部だった小辻さんは、持ち前の体力と忍耐力で、連日の徹夜業務を乗り切った。

「新卒で入社した会社で、他の会社の状況は知りませんから、これが普通だと思っていました。どんなにおこられても、寝られなくても、辞めようとは思わなかったですね」

ゴールドマン・サックスで叩き込まれたのは、クライアントの要望に一刻も早く応えるための効率的な働き方だ。一分一秒でも早く分析を仕上げ、プレゼンテーション資料にまとめる。それでこそ優秀なバンカー。小辻さんは、効率重視のグローバル企業のカルチャーにすっかり染まっていった。

入社四年目の二〇〇六年にハーバードビジネススクールに合格すると、小辻さんは開発金融の道へ進むため、ゴールドマン・サックスの退職を検討するようになった。

そのころ、小辻さんは、投資銀行部門で、新入社員らの指導もまかされ、プレゼンテーション資料などを作成する責任者となっていた。いざ退職することを決めたとき、どうしても辞める前に会っておきたいと思ったクライアントがいた。それは日本の事業会社の役員で、数年前に資金調達の仕事を依頼してくれたクライアントだった。

ともに投資家を訪問するロードショーで海外をまわり、資金調達に成功。小辻さんを含め、ゴールドマン・サックスのチームは完璧な仕事をしたつもりだったし、役員の方とも気軽にメールをやりとりできるほど打ち解けた間柄になった。

ところが、その後、その事業会社から新しい仕事の依頼は来なかった。上司からは、「営業をかけているが、とれない」と聞いた。プレゼン資料も完璧だったし、案件も無事クローズしたのに、なぜ……。

小辻さんは、その事業会社のことがずっと気になっていた。自分のやった仕事が否定されているような気になり、退職前に役員の元を訪れることにした。お茶を飲みながら一対一でじっくり話をするのは初めてだった。

ハーバードに進学が決まったことなどを報告した後、小辻さんは、本題を切り出した。

「なぜ、我々に新しい案件をまかせていただけないのでしょうか？」

「なぜだと思う？」

「我々は、完璧にやりとげたつもりです。分かりません」
「君たちは、こうやって、お茶を飲みに来ないじゃないか。来る時は、目をドルマークにして、用件だけ話してあっという間に帰っていく。それじゃ、信頼関係は結べないんだよ。日系の証券会社は、まめに僕のところに来て、仕事とは関係ない与太話を話して帰っていく。そうやって人間関係を築こうとする人にこそ大切な仕事をまかせたいんだよ。外資系の人たちは、きっと与太話なんて無駄だと思っているよね？」

これまで効率一辺倒で仕事をしてきた小辻さんにとっては、衝撃的な一言だった。

「ゴールドマン・サックス時代、数字の間違いや、誤字脱字で怒られたりしましたが、もうあまり覚えていませんね。未だに覚えているのは、この役員の方の一言です。自分の仕事のやり方と百八十度違うことを言われて、大きなショックを味わったからかもしれません。そして、今アフリカで仕事をしていると、この一言をよく思い出すんですよ」

効率主義は、アメリカに本社を持つグローバル企業では価値を発揮するが、それが世界のどの国でも通用するわけではない。そのことを小辻さんは、ゴールドマン・サックス退職前に学んだのだ。

●アフリカにはアフリカの流儀がある

小辻さんは、ハーバード卒業後、初志貫徹で、国際金融公社（世界銀行の民間セクター部門）に就職。アメリカのワシントン、アフリカのセネガルでの勤務を経て、現在はケニアで、インベストメントオフィサーとして活躍している。

仕事はサハラ砂漠以南のアフリカ全土の企業への投資。専門は、農業・食品分野だ。

小辻さんのアフリカ勤務は、二〇〇九年、西アフリカのセネガルから始まった。ところがワシントンから意気揚々とセネガルに赴任して早々、最初の案件で大きな失敗をしてしまう。それは、西アフリカのマリ共和国にある大手飲料メーカーへの融資案件だった。

上司であるナイジェリア人の女性とマリ共和国のCEOの元を訪れ、融資前審査のための資料を出してもらおうとした。ところが、CEOは何の資料も用意していなかった。

「この財務項目の月次データはありませんか？」

「なぜないのですか？　会計システムがおかしいのではありませんか？　そこは改善していただかないと、とても融資はできません」

小辻さんは、畳み掛けるようにCEOにせまった。

ＣＥＯは四十代ぐらいの男性だったが、困ったような顔をして、小辻さんの話を聞いているだけだった。そして、結局、このミーティングでデータは出てこなかった。

「エリート気取りで、『これはグローバル基準じゃない、改善してください』などと上からモノを言ってはいけなかったのです。特に年長者を敬う西アフリカの文化ではそうです。こうした態度が相手の心を閉ざしてしまいました。今振り返れば、恥ずかしい限りですが、『オレは世界のトップクラスの投資銀行とビジネススクール出身で、グローバル基準を持ち込んでいる』というような傲慢な思いが心のどこかにあったのかもしれません」

ホテルに戻ると、ナイジェリア人の上司から諭すように言われた。

「ヨースケ、きょうの会議での発言だけれど、私だったら、ああいう言い方はしないわ。特に私は女性だから、なおさら言えない……」

怒るわけでもなく、否定するわけでもなく、自分だったら言わない……という上司の発言に、自分の欧米流のやり方が間違っていたことに気づく。

「西アフリカって、古き良き時代の日本のような感じなんですよ。人々は情に厚いし、年長者には大きな敬意を払います。明日病気になるかもしれない、クーデターや内戦が起きるかもしれないような不安定な状況で生きているのですから、なおさら人の繋がりは大切です。

アフリカには『急いで行きたかったら一人で行け、遠くまで行きたかったらみんなで行こうよ』ということわざがあります。欧米流を押し付けてもうまくいくわけがないのです」

マリ共和国の案件で、小辻さんがもう一つ学んだことがある。それは、西アフリカには紙に残さず、頭の中に記憶する「口承の文化」があり、「紙や電子媒体で細かい記録を残す」という習慣があまりないことだ。だから数字は全部覚えるのが基本だ。優良企業であっても紙のデータが存在しないことも多々ある。また、極端な話、紙に残したところで、もし戦争が起きれば、いつ燃えてなくなるか分からない。マリ共和国の例でいえば、二〇一二年に軍事クーデターとマリ北部紛争が勃発し、いまだに国が安定しているとはいえない。

こうした事情が分かっていたナイジェリア人の上司は、その後、ＣＥＯに聞き取り調査を行い、データをすべて口述筆記で書き取った。やはりデータはＣＥＯの頭の中にあった。しかも、細かい数字まで明確に覚えていた。そして、そのデータを元に、国際金融公社からの融資が決まったという。

「自分の仕事は、アフリカとワシントンの本部の間に入って、情報を『翻訳』することだと気づきました。そのためには、欧米流を押し付けるのではなく、もっと自分が『アフリカ化』しなくてはいけないことに気づきました」

時が経ち、西アフリカのビジネスに詳しくなってくると、ここでの企業経営は、予期せぬトラブルとの戦いだと実感する。小辻さんいわく、「西アフリカの経営は壊れかけの自転車に乗って猛スピードで走り続けているようなもの」。立ち止まったら最後、自転車はバランスを崩して倒れてしまう。停電、断水、輸送インフラ不足による原料納入の遅れ、機械の故障とスペア部品の不足、ストライキ――いつ何が起こるか分からない。こうした戦いを生き抜いてきたＣＥＯに対して、「長期戦略がない」「工場が汚いし、食品安全認証を取っていない」など改善要求をしてきた自分が恥ずかしくなった。

「計画を立てても、スケジュールは遅れるし、こちらの思うようにいかないのは当たり前です。そんな中、最後に助けてくれるのは、信頼できるビジネスパートナーや友人なのです」

小辻さんは、西アフリカでビジネスを育てていくためには、テーブルの反対側ではなく同じ側に座って「一緒に遠くまで行こうよ」と呼びかける姿勢が大切だと語る。

「西アフリカでは、共に仕事以外の時間を過ごし、人と人との絆を深めてはじめて『ワンマン経営では限界があるから中間管理職を育てましょう』とか『長期戦略を考えましょう』といった提案を聞いてもらえます。彼らにとっては、何時間もかけて一緒に昼食を食べて人間関係を築くことの方が、仕事の納期を守ることよりも大切なのです。納期が遅れたところで誰も死にませんから」

小辻さんは、二〇一三年九月にケニア事務所へ異動。西アフリカでは、セネガルの食品加工企業、コートジボワールの畜産企業、ナイジェリアの外食産業などへの投資を成功させたが、東アフリカのケニアは英語圏。フランス語圏の西アフリカとは違ったビジネス環境で、日々、格闘している。アフリカ流に時間をかけて信頼関係を……とは言っても、ワシントンの本部からの期待にも応えなくてはならない。

「我慢強くやっていくしかありません。アフリカは人間関係がすべてと言っても過言ではありません。三時間のランチも、二時間のお茶の時間も決して無駄ではありません。投資銀行にいたころとは真逆の価値観ですが、現地でいくつも失敗して学んだおかげで、やっとアフリカでの仕事が軌道に乗ってきたと感じています」

●グローバル金融機関の失敗抑制システム

世界有数の投資銀行ゴールドマン・サックスには、社員、特に新人が失敗したときの鉄則がある。それは、「迅速に対応し、誠実に謝罪する」ということだ。

たとえば、どうしても避けられない数字のミス。これを自分で発見した場合はどうするのか。小辻さんは説明する。

「気づいたらすぐ上司に連絡して、解決策を練ります。そのまま黙っていたりするのは許されません。その上で、上司と一緒にクライアントに謝罪にいきます。何かあれば、部下が抱えこまず、率直に問題を打ちあけられやすいように、上司はコミュニケーションに気を遣っていたと思います」

こうしたミスを一つでも少なくするために、ゴールドマン・サックスでは、二十代からプレゼン資料を作成した本人が、クライアントの前でプレゼンテーションを行うことになっている。

「社員一人ひとりにオーナーシップを持たせるのです。『自分が主役の仕事じゃない』と思うと、仕事がいい加減になりますが、自分がクライアントの経営陣にプレゼンするとなると、分析の間違いは絶対に許されないと思って真剣にやります。上司の指導は厳しかったですが、最終的な成果物のプレゼンは我々にまかせてくれました」

世界銀行グループの国際金融公社でインベストメントオフィサーが失敗したと見なされるのは、やはり投資の失敗だ。紛争やマクロ経済危機など、突発的な出来事が原因の失敗はともかく、その他の投資案件の結果については厳しく評価される。それゆえ投資すべきかどうか判断するときには、「必ず専門家を連れて現場に行く」のが流儀となっている。

小辻さんがザンビアの畜産企業に融資をするか検討していたときは、オーストラリアで畜産企業を経営していた専門家と一緒に調査した。会社のオペレーションを現場で確認するためだ。小辻さんは話す。

「鶏の健康状態、鶏のえさから飼育環境、屠殺場の設備まで全部自分の目で見て、分析し、投資委員会へのプレゼンテーションをしました。また、アフリカ中部の数ヶ国にまたがる別の案件の投資前調査では、国境線に丸一日座って、貿易商の女性たちが商品を頭に積んで国境線を越えていくのを観察しました。対象商品の域内貿易が増えることが成功の前提でしたので、域内取引の可能性をこの目で確かめることが重要だったからです。国際金融公社の投資審査は、世界で最も厳しい部類に入るのではないかと思います」

投資した結果は「成功」か「失敗」かはっきりと出る。世界的な金融機関には、やはり一流の失敗を抑制するシステムがあるのである。

〈特記事項〉
小辻洋介氏への取材を元に執筆した箇所は、個人の意見を反映しており、世界銀行グループの見解を示すものではありません。

グーグルの失敗力

米フォーチュン誌が選ぶ「最も働きがいのある会社ベスト100」（100 Best Companies to Work For）で第一位に選ばれ、日本でも「転職したい企業ランキング」で常に上位にランクインしているグーグル。グーグルは現在、世界で最も人気があり、入社するのが難しい企業の一つといってもいいだろう。

そのグーグルの日本支社ではなく、アメリカ本社に採用されたのが石角友愛さんだ。

石角さんは、十六歳のときにお茶の水女子大学附属高校を中退し、アメリカの高校に入学。その後、カリフォルニア州にあるオクシデンタル大学に進学した。日本に帰国してから、会社を起業、その数年後再び渡米し、ハーバードビジネススクールに入学。グーグル本社を経て、現在はシリコンバレーで起業家として活躍している。

その詳細は、『ハーバードとグーグルが教えてくれた人生を変える35のルール』（石角友愛著、ソフトバンククリエイティブ）に詳しいが、石角さんの人生は、「一切ためらうことなく挑戦し続ける人生」。グーグルに採用されたのも、高校生で単身渡米したことや日本で起業した経験など、人と違うことに挑戦してきたことが評価されたからだという。

石角友愛

●失敗したという認識をもたない

元グーグルのシニアストラテジスト、石角友愛《いしずみともえ》さんは、ハーバードビジネススクール卒業後、二〇一一年、シリコンバレーのグーグル本社に入社した。

ハーバード在学中に、東京の経営コンサルティング会社から内定をもらっていたが、「娘の教育環境のためにも、シリコンバレーで働こう」とひらめき、夫と娘さんとともにボストンから引っ越し。数ヶ月間の就職活動を経て、グーグル本社に入社した。

グーグル本社の採用は、世界でも最難関と言われ、日本人で本社に直接採用されるケースはまれだ。日本人もごくわずかに働いているが、日本支社で採用され、そこで優秀と認められた人が本社に転籍している場合が多い。

グーグルで、石角さんは、オペレーション担当のストラテジスト（戦略を立てる人）として、新しいプロダクト（IT用語で製品）の開発やローンチ（市場に出すこと）などに携わった。大きなプロダクトのアイデアが社内で提案されると、それをどうやってつくりこんでいくか戦略を立て、エンジニアやマーケティングなど複数の部門のスタッフと連携して、プロダクトを市場に出していくのが石角さんの仕事だった。

石角さんにグーグル時代の失敗体験を取材したところ、グーグルの社員で「大きな失敗をした人」というのはほとんどいないのではないかと聞き、驚いた。

「私自身、プロダクトをローンチした結果、バグの修正やユーザーからのクレームに対応したりしたことはありますが、それを『失敗』と呼べるのかどうか……。少なくともグーグルでは、日常的な業務の一環ですから」

普通の企業でお客さんからクレームをもらうと、この商品は「失敗」という烙印がおされてしまう。分かりやすいのが、テレビ番組だ。放送後、視聴者からクレームが殺到したらプロデューサーやディレクターは大きく減点され、後々まで「あの番組を制作した人」

と言われ、次の番組を制作しづらくなる。

しかしグーグルでは、普通の企業で「失敗」と捉えられるようなことでも、「失敗」とは認識されないのだという。

「グーグルでは、『最高ではなく、最低限を満たせ』という考え方があります。最低限のスペックがそろったら、商品を市場に出して試してみるのです。これは、『最高』をめざすアップルと対極にある考え方だと言われています」

最高をめざしている間に、市場がどんどん変化して、プロダクトは古くなる。手遅れになるぐらいなら、市場に早く出したほうがいいという考え方だ。「最低限」の状態で市場に出すのだから、ユーザーからのクレームや要望は、想定内。それをフィードバックとして生かし、商品をどんどん改良していく。

こうした修正過程をグーグルでは、「ローンチ&イテレート」（商品を市場に出して、改善してまた出すということを反復すること）と呼ぶ。石角さんは話す。

「ちょっとしたクレームを恐れていたら、製品を出すのが遅れ、逆に後悔することになるのです。グーグルでは、こうしたユーザーからのクレームは、失敗というよりは改善点の指摘。つまり、失敗というよりは学びのプロセスなのです」

グーグルのこうした経営スタイルのことを、早稲田大学ビジネススクールの三谷宏治客員教授は、著書『経営戦略全史』（ディスカヴァー・トゥエンティワン）の中で、「壮大な『試行錯誤型』経営」とよんでいる。

インターネット上には、グーグルの失敗プロダクトを検証したサイトもあるが、それを見てみると、「Googleウェーブ」「Googleビデオプレーヤー」「Googleノートブック」など、撤退したサービスも数多くあることが分かる。

しかし、これらに携わった人たちが評価されていないかというと、決してそうではなく、むしろ、挑戦した人として、次のチャンスが与えられるという。導入→改善→撤退、というプロセスは、グーグル内では、失敗とは位置づけられないそうだ。

「グーグルには、Gmail、Googleアドワーズ、Googleマップといった、確固たるプロダクトがありますから、少しぐらい新規のプロダクトで失敗しても、会社の経営は盤石です。つまり、挑戦できる環境が整っているのです。それよりは、失敗を恐れて、新しいプロダクトに挑戦しないことが、最大の失敗になるのではないでしょうか」

●シリコンバレーでは走りながら改善する

石角さんはグーグルを二〇一二年に退社し、同年シリコンバレーでジョブアライブ社（JobArrive）を起業。グーグルの仕事は面白く、その安定性と充実した福利厚生制度も魅力だったが、アメリカでの起業に挑戦することにしたのだ。

ジョブアライブは、パートタイム専門の求人情報を提供する会社だ。グーグル時代に採用を担当していたことと、社会貢献につながるビジネスに興味があったことから、低所得者を対象とするサービスで起業することに決めた。

「ヘッドハンターが対象とするような数パーセントのエリート層より、より多くの人々に仕事を提供したかったのです。低所得者層は人数が多い分、マーケットは大きいですから、そこにビジネスチャンスがあると思いました」

主なクライアントは、サンフランシスコ近郊やニューヨークのレストランやホテルだ。クライアントは、毎月、一求人ごとに、定額の広告掲載料をジョブアライブに支払う。ジョブアライブを通じて応募した人が採用されると、追加で固定の成功報酬を支払う仕組みだ。今後は求職者に対するサービスをさらに充実させていく予定だと言う。

石角さんは、現在、ＣＥＯとしてエンジニアや営業スタッフとともに、ユーザーやクライアントの獲得に奔走する毎日だ。

「エンジニアとプロダクトの開発、営業チームへの進捗確認、トラフィックやデータのチェック、ミーティングなどであっという間に一日が終わりますね」

サイトの運営はグーグル方式。走りながら、日々改善を加えている。パートタイムに応募する人たちが使いやすいシステムにするにはどうしたらいいか、ユーザーの視点から発想し、サービスの開発を進めている。今のところ、チームとしてもＣＥＯとしても、取り立てて大きな失敗は経験していないものの、小さな失敗を重ねているという。

「経営者として、最も難しいのが、『自分の失敗を認めること』です。特に今回のウェブサイトは、自分が一から開発者としても関わっていますから、どうしても愛着があるのです。それを、ユーザーからの反応をみながら、客観的に『ウェブサイトのこの機能を継続するか、やめるか』を決断するのは勇気がいることです。つい、『もう一回改良したらうまくいくかも』『あと数ヶ月続けたらうまくいくかも』と思ってしまいます」

そこで、石角さんが心がけているのが、徹底的な原因の追究だ。

「ユーザーから『使いにくい』とフィードバックが来たら、プロダクトの欠陥なのか、マーケティングがダメだったのか、なぜうまくいっていないのかを追究します。その改善にすべての労力を使っているといってもいいかもしれません」

スタートアップ企業の場合、将来的には、サービスの開発だけではなく、業態そのものも、軌道修正を余儀なくされる場合がある。

シリコンバレーでは、これを「Pivot」（ピボットする＝スタートアップ企業が創業当初のビジネスモデルを変えたり、業態を変えたり、軌道修正すること）と言う。

「私は元々、楽観的な性格で、物事をすべていいように解釈するようにしています。プロダクトを開発するときもそうでしたが、AがダメならB、BがダメならCとバックアッププランを立てておくのです。『これしかない』と考えると、そうならなかったときに『失敗』になってしまいますが、そうは考えないで、バックアップを想定しておくと、想定内ですから、失敗にはなりません」

後述するが、「失敗とは認識の問題なのだ」と教えてくれたのは、石角さんだった。石角さんの生き方を見ていると、世界一の人気企業に入社するための「採用基準」の一つが失敗力であることが実感できる。

第四章

日本企業の失敗力

第一章、第二章では、ハーバードやスタンフォードの経営大学院で失敗力を鍛える教育が施されていることを伝え、第三章では、世界を代表するグローバル企業の出身者が、そこで失敗力を磨き、経営者や指導者としてさらに世界に飛躍していることを紹介した。

グローバル化を急速に進める日本企業で、社員はどのように失敗力を鍛え、それをどのように生かしているのか。この章では、代表的な日本のグローバル企業を取り上げ、いかに失敗力が成長の原動力となっているかを伝える。

失敗を生かして成功してきた日本企業と聞いて、真っ先に浮かぶのがトヨタ自動車だろう。トヨタは世界有数の失敗共有システムを持つ会社である。

「カイゼン」は、トヨタ生産方式の基本概念の一つだ。徹底的に無駄を省くために何ができるか、生産現場の人たちが提案し、実行する。そのノウハウは、日々、関連部署に共有される。トヨタでは、成功例のみならず失敗例も皆で共有し、ミスの再発防止に努めている。これを「ヨコテン」（横への展開）と呼ぶ。ヨコテンは、大企業にありがちな縦割り組織による弊害をなくすことに大きく役立っている。

失敗の共有は日本だけにとどまらない。全世界に及んでいる。

世界総販売台数九七五万台（二〇一二年実績）の半数以上を海外で売り上げるというト

ヨタがいま、さらにグローバル展開をしようと注力しているのがアジア地域だ。その販売の拠点となっているのが、シンガポールにあるトヨタモーターアジアパシフィックだ。北米市場、日本市場に次ぎ、いまやトヨタ第三の市場となったアジア（中国を除く）。およそ百五十万台（二〇一二年実績）の販売台数を誇るアジア市場の最前線で、ゼネラルマネジャー補佐として活躍しているのが田上康成さんだ。アジアの自動車販売の現場でも、トヨタ流の失敗から学ぶ文化が浸透していた。

トヨタ自動車の失敗力

田上康成

●失敗してもいいが必ずカイゼンせよ

二〇〇七年は、名古屋駅前にミッドランドスクエアが完成し、トヨタ自動車の名古屋オフィスが移転した年だった。

グローバル営業企画部の田上康成《たのうえやすなり》さんは、新しいオフィスで海外に生産車両を配分する仕事を担当していた。当時まだ入社三年目だった。

そのトラブルは、二〇〇七年の夏、夕刻に起きた。

田上さんが配分した台数を大幅に上回る生産要望台数が、アジアの販売代理店から送られてきたのだ。すでに締切時間を過ぎ、データを修正できない状況だった。

「この数字、間違っているじゃないですか！　どうなっているんですか？」

報告を受けて、田上さんは、データ入力の責任者の元へ走り、問いただした。

放置しておくと、生産しきれないオーダーが工場に指示され、仕入れ先も工場も大混乱となる。ケタを間違えると、生産ラインが止まってしまうほど、重要なデータだった。このときは、ケタ違いまではいかなかったが、本来の数倍ほどの台数が入力されていた。

「すみません。担当者が間違えて入力をしてしまったようです。現地に連絡をとりましたが、帰宅してしまったようで修正できません。生産側で何とか調整できませんか？」

入力を統括する責任者は、田上さんに丁重に頼んだ。田上さんよりも数年先輩の女性だった。しかし、田上さんは、すげない態度で答えた。

「それは、そちらのミスでしょう。生産側は対応できませんよ」

押し問答が続く。すると責任者が怒りのあまり、パンと机を叩いた。

田上さんは、はっと我に返った。あ〜、失敗してしまった。先輩を怒らせてしまった……。

トヨタで『後工程』の人たちを怒らせるなど、もってのほかなのだ。後工程とは、トヨタ社内の専門用語で、自工程（自分の担当業務）の次の工程（業務）を指し、田上さんの所属していた部署の場合、車両販売・生産要望数を海外の販売代理店と交渉する窓口業務が『後工程』となる。

トヨタでは「後工程はお客様」とも言われ、同じ社内でありながら地域販売部門は、グローバル販売統括部門からすれば、お客様なのだ。その後の田上さんの業務が滞るのは必至だった。

その場が何とか収拾した後、冷静になって、普段は温厚な先輩がなぜあんなにも怒ったのか考えてみた。

「若造の私が、自分なりの解決策も持たないまま『そちらのミスだ、対応出来ない』の一点張りだったことに腹を立てたのだと思います。自分が車両を配分してやっているんだというおごりもあったのかもしれません。トヨタではチームワークが何よりも重要なのに独りよがりの態度をとってしまいました。トヨタウェイに反していたから怒られたのです」

トヨタウェイの二つの柱は「知恵と改善」と「人間性尊重」だ。「知恵と改善」とは「チャレンジ」、「改善」、「現地現物」という三つの価値観を指し、「人間性尊重」とは「リスペクト」と「チームワーク」という二つの価値観を指す。田上さんは、同僚へのリスペクトを欠き、チームワークを乱すような態度をとってしまった。

田上さんは、上司とも相談しながら事態の収拾に動いた。現地代理店からの生産要望台数は変えられない。生産側に無理を言い、数ヶ月かけて調整してもらうことにした。

その年の人事異動で、田上さんは『後工程』に異動になり、トヨタウェイを教えてくれた先輩とは同僚となった。

「トヨタのような大きな組織では社内調整が基本業務です。相手をリスペクトすることを忘れてはいけないのです。この件は社内では大きな問題にはなりませんでしたが、私が態度を改善しなかったらきっと、中長期的にトヨタでの私の評価は下がったはずです。トヨタでは、失敗してもいいけれど改善して同じミスを繰り返すな、と教えられますから」

さて、事の発端である入力ミスについては、原因が究明された後、改善策が提案され、ヨコテンされた。田上さんのコミュニケーションの失敗は、実害がなかったため共有されることはなかったが、しっかりと上司の耳には入っていたという。

●シンガポールで部下が離職

「タノウエさん、A国の代理店が販売計画の数字を理由もなく変更してきました。これではこちらの業務が混乱します。先方に元に戻すよう、言ってもらえませんか」

シンガポール人の部下Sさんは、田上さんにすがるように頼み込んだ。

Sさんは、入社三年目の若手社員だった。

田上さんは二〇一〇年にシンガポールにあるトヨタモーターアジアパシフィックに赴任。同社はアジア販売の統括会社で、田上さんは主に東南アジア地域の販売全般を担当している。

田上さんのチームはおよそ十人。日本人、シンガポール人、タイ人、マレーシア人、インド人、フィリピン人という多彩なメンバーだ。日々の販売業務に加え、チームメンバーの人材育成も重要な任務となっている。

信頼していたSさんからの相談に、田上さんは、すぐにA国の代理店に電話をした。電話口に出たのは、日本人の年輩の責任者。トヨタから出向しているベテラン社員だった。

「田上さん、そちらには、すでに説明しているよ。ウソを言っているのは、そっちじゃないの？」

強い口調で一方的に説明されて、電話を切られた。田上さんは、カーっとなり、Sさんを再び呼び出した。

「こっちには説明済みって言っているよ。君がウソを言っていると先方は主張している。ちょっと君が正しいという証拠を見せてくれないか」

Sさんもかなり興奮していた。

「こちらは、ちゃんと数字を伝えているのに、先方が間違ったことを言っています。私は悪くありません！」

「どちらが間違っているか、時系列で数字を追って検証してみよう」

「私は間違っていないのに、どうして自分がそんなことをやらないといけないのですか。私の言うことをタノウエさんは信用していないのですか」

Sさんはそう言い放った後、ふてくされて帰宅してしまった。後日、出社したSさんとともに落ち着いて事実関係を確認した。時系列で一つ一つ数字の動きを確かめていくと、勘違いしていたのは代理店で、Sさんの主張は正しかったことが分かった。

「日本人の大先輩がおっしゃることは正しいはず、という前提で、Sさんをしかってしまったのは、チームリーダーとして失敗でした。今だったら、事実確認をした上で、目の前にある問題の対処方法を指示し、いつまでにこれを、というようにタイムラインを明確に示したはずです。またもチームメンバーをリスペクトしないという失敗をおかしてしまったのです」

その後、Sさんは、トヨタを退職してしまう。シンガポールでは、優秀な人はよりよい待遇のところに転職しながらキャリアアップしていく。在籍数年でより給料がいい会社に転職というのは日常茶飯事だが、田上さんの心は晴れなかった。

あのときのことがきっかけになっているのでは……。

「退職の理由はいろいろあると思いますが、上司の自分が信頼関係を結べなかったことも一つの原因でしょう。長期的な人材育成をするのが任務なのに、離職されてしまったのは、やはり僕の責任なのです」

二〇一一年、田上さんは、トヨタモーターアジアパシフィックで昇格し、ゼネラルマネジャー補佐に就任。昇格に際し、当時の上司からは次のように言われた。

「君は現地のスタッフの話をしっかり聞けていないね。もう少し、チームメンバーの声に耳を傾ける必要がある」

見ている人は見ている。今、田上さんには二十人の部下がいるが、部下とのコミュニケーションでは、相手をリスペクトすることを絶対に忘れないことにしている。

●トヨタの失敗共有システム

トヨタの生産現場における情報共有システムは有名だが、販売の現場ではどのように情報が共有されているのだろうか。

大きな失敗をした場合、反省文や始末書を書いて提出するのはどこの会社も同じだが、トヨタの場合は、そこに改善案が書かれていなければ意味がないとされる。田上さんは言う。

「販売現場で失敗したとき、『どのように対応しろ』という定型はありませんが、起きてしまったトラブル自体に焦点をあわせるのではなく、そこに至った経緯・プロセスを見直すように指導されます。そのトラブルによって何を学び、何を改善（再発防止）できたのか、そこを関係者と共有し、ヨコテンしていくのです」

トヨタモータータアジアパシフィックでは月に一回、地域総括と各国担当が一堂に会し、それぞれその月に起こったトラブルを報告する。そして再発防止策について全員で討議する。記録フォーマットはワードではなくエクセルで、全く無駄がないフォーマットだ（次ページ図表1）。トラブルによって、会社がどれだけ損失を被ったかを数字（何時間の追加工数がかかったなど）で明記するのも特徴的だ。この報告会のときには、すでに原因が究明され、対策が提案されており、改善担当者、問題解決期限まで設定されている。

「生産現場の方々が日々実施されているカイゼン活動と比べれば、われわれ販売サイドで行うカイゼン活動の頻度はそれほど高くありません。しかし、このフォーマットと月に一回の報告会があることで、ローカルスタッフは何か失敗して落ち込んでも、『すぐ原因と対策を考えよう』と頭を切り替えられるようになりました」

失敗から学ぶトヨタの企業文化は、多くの日本企業のお手本となる。

図表1　トヨタのアジアの販売会社で使用されている報告書フォーマット

2014年○月 月度報告ミーティング

2014/MM/DD（日付）

進捗状況の説明：
○：Closed（解決）　△：To monitor in next getsudo（次回の月度までモニター）
X：Repeated issue, monitor towards next getsudo（再発事項、次回の月度までモニター）

						AOD REPLY（国担当者からの回答）					
Plant（工場名）	Model（車種）	Country（国）	Consecutive Mths（問題継続月数）	Problem（トラブル内容）	Impact（トラブルによる影響＝何時間の追加工数が発生したか等）	Rootcause（根本原因）	Background（根本原因の背景にある事情）	Countermeasure（対応策）	Reply by（担当者名）	Remarks（備考）	Status（進捗状況）
XXX	XX	XX	0	2時の〆切に間にあわず3時30分になった	システム内でミスマッチを起こし、**1.5時間**の追加工数	カラーコードが間違っていた	X月に更新したはずのカラーコードが更新されていなかった	すべてのモデルで定期的にカラーコードを更新	XX		○
YYY	YY	YY	0	生産制約内で調整できず	他国での交渉に**3時間**の追加工数	担当者が生産制約を理解していない	担当者の知識不足、上司のチェック漏れ	生産制約の表示方式を変更。チェック表作成	YY	同例の対応策を参照	△

注記　※月度とは、トヨタの販売会社で行われる月に1回の需要調整のことです
※原文はすべて英語です　※記入例はすべて架空のものです

ソニーの失敗力

世界にイノベーションをもたらした日本企業と聞いて、真っ先に思い浮かぶのがソニーだろう。トランジスタラジオ、ウォークマン、コンパクトディスク、プレイステーションなど、人々の生活を大きく変える製品を世の中に送り出してきたソニーは、日本を代表するグローバル企業だ。

ボストンコンサルティンググループが二〇一三年に発表した「世界で最も革新的な企業トップ50社」で、ソニーは日本企業としては五位のトヨタ自動車に次ぐ十一位にランクイン。今も変わらず、イノベーションはソニーの成長の源泉となっている。

売上高のおよそ七割を海外で占めるソニーが今、製品の販売に力を入れているのが、新興国だ。中でもソニー製品の人気が高いメキシコは、重点市場となっている。メキシコで三年間ビジネスの拡大に挑戦し、二〇一三年に帰国したばかりの谷村秀樹さんの失敗力を取材した。

谷村秀樹

●CLIEマーケティングチームの解散

クリエ（CLIE）という携帯情報端末（PDA）があったのを覚えているだろうか？二〇〇〇年頃ソニーが発売した商品で、今でいうところのiPhoneを彷彿させるような端末だった。電子手帳機能、デジタルカメラ機能や音楽再生機能などもつき、画期的な商品だったクリエは、PDAを日常的に使っていたIT系のビジネスマンだけではなく、キャリア女性や非IT系の人たちからも人気を集めていた。

谷村秀樹《たにむらひでき》さんがクリエのマーケティング部門に配属されたのは、二〇〇三年。入社五年目のことだった。谷村さんはソニー入社後、物流部門で活躍していたが、ずっと希望していたのはマーケティング部門だった。念願のマーケティング部、しかも、最新鋭のクリエのマーケティング全般を担当することになり、谷村さんの心は躍った。

「マーケティング部隊は六人ぐらいの小さなチームでした。オフィスも本社から別のところにあり、ベンチャー企業のような雰囲気でした。価格設定から媒体戦略まで、マーケティングの基礎をすべて体験できて、『ソニーのマーケティングとは、こういうものなのか』と感動したのを覚えています」

配属後しばらくたつと、谷村さんにチャンスが訪れた。

中国市場への導入を検討するための市場調査の仕事をまかされたのだ。

「海外で仕事をしたくて、ソニーに転職したぐらいですから、この仕事には並々ならぬ情熱を注ぎました。まずターゲットを大学生にしぼりました。大学生にターゲットを絞ったのは、彼らが電子辞書がわりにPDAをよく使っていたことが分かったからです。電子辞書の他にどういうニーズがあるか、調査することにしました」

当時、中国のPDA市場は、パームが独占していた。さらに、現地の中国メーカーも低価格のPDAを売り出し、市場に参入していた。そこに、どんな製品やアプリを提供すれば勝てるのか。谷村さんはチームリーダーとして、アンケートの設計から報告書の作成まで、積極的に取り組んだ。最も心がけたのが、生の声を拾うことだった。

「気温零度を下回る冬に、北京大学の正門前に一日中立って、インタビューをしました。クリエを見せて、『こういうPDAを使ってみたいか』『いくらだったら買うか』『どういう辞書アプリがほしいか』など細かく意見を聞きましたね」

谷村さんのチームは、帰国後「辞書のニーズは非常に高く、中⇕英、中⇕日に対応する辞書アプリは必須」と報告。辞書アプリを搭載したクリエを中国で売り出せないか、辞書ベンダーとも議論を重ねて、その結果もあわせて報告した。

しかし、会社の決断は「参入しない」だった。辞書アプリのコストが高くつき、パームはもとより、中国メーカーのPDAに価格で対抗できない、というのが理由だった。

その後、ソニーは、二〇〇五年、PDA市場からの撤退を決め、クリエの生産終了を決定する。谷村さんが所属していたクリエのチームも解散となった。

「メンバーが、この人はPC部門に、この人は携帯電話部門へとバラバラに異動していくのが本当にショックでした。初めてのマーケティング部門でしたし、メンバーにも商品にも人一倍愛着があったのです。『もっと売り方があったのでは』と反省することしきりでした。ソニーに入社して初めての大きな挫折だったと言ってもいいかもしれません」

製品の失敗は、個人の失敗ではない。しかし、自分が育てた製品の失敗は、必ず次によりよい製品を世に送り出すための教訓となる。

●メキシコの低所得者層にもデジタルカメラを

谷村さんは、クリエチームの解散後の二〇〇六年、ロンドンに赴任。ソニーヨーロッパの本社で、ヨーロッパ二十五ヶ国のコンパクトデジタルカメラのマーケティング戦略に携った。そして、二〇一〇年には、メキシコに赴任。ソニーメキシコのデジタルイメージング部門のマーケティングディレクターとなる。

ソニーメキシコでは、コンパクトデジタルカメラ、ビデオカメラ、一眼レフカメラ、それに伴うアクセサリー製品のマーケティングを統括する立場となった。直属の部下は十二人、その配下に、百人以上のプロモーターがいるという大所帯だ。

「メキシコはソニーブランドの製品が強く、大きな市場です。他のラテンアメリカの国々はアメリカのマイアミにあるオフィスが統括していますが、販売会社として売上が大きいメキシコとブラジルは別会社を設立しているのです」

谷村さんの主な仕事は、コンパクトデジタルカメラ、ビデオカメラ、一眼レフカメラなどをメキシコで売ること。中でもてこ入れする必要があったのが、市場が飽和し、売上が伸び悩んでいたコンパクトデジタルカメラだった。そこで谷村さんは、思いきって、これまでソニーメキシコが挑戦したことのない消費者層に売り込むことを提案する。

「メキシコの一億二千万人の人口の半分が、低所得者層です。それまでソニーの製品は高価で、中から上の所得者層をターゲットにしていましたが、残りの六千万人を新たなターゲットにすることにしたのです」

谷村さんは、まずメキシコ市の北部にあるスラム居住者をターゲットに、試験的にコンパクトデジタルカメラを売り出すことにした。

居住者は、キャンディーを売ったり、廃品を売ったりして生計をたてている最貧困層。月収は二万円ぐらいだった。もちろんスラムに家電店などなく、マーケティングチャネルは、訪問販売のみ。この地域専門のセールスマンがチラシをもって、一軒一軒家をまわって販売する。居住者は、数年間の現金分割払いで製品を購入し、現金を回収するのもセールスマンだ。

谷村さんは、その訪問販売員に同行し、消費者のニーズを調査した。

「彼らが最も欲しいものは冷蔵庫と洗濯機でした。その次がテレビとオーディオです。カメラはいらないか、と聞くと、カメラなんか買えないという。子だくさんの家庭が多かったのですが、写真は、一家に十枚あるかないか。町の写真屋さんに撮ってもらったといって、子どもの成人式の白黒写真を大事そうに見せてくれました」

子どもの写真を撮りたいという親の気持ちは万国共通。そこにニーズがあると思った谷村さんのチームは、実際に訪問販売で安価のカメラを売り出してみることにした。

すると、訪問販売員から、苦情が出た。

「カメラのような小さいものを販売していることが分かると、営業中に盗難に遭ってしまう。こちらが危なくなるから嫌だ」

「カメラだけを売っても、こちらの実入りが少ない。売りたくない」

これでは、売ってもらえない……。

そこで、谷村さんのチームは妥協して、冷蔵庫やテレビを買ってくれた人に、ついでにカメラを売ってくれないか、と交渉した。訪問販売員は協力してくれることにはなったが、ターゲットはぐんと小さくなってしまった。一年間、試験的にこの地域の人たちに販売してみたが、当初予測していた十分の一ほどしか売れなかった。

そこへ、追い打ちをかけるように、コンパクトデジタルカメラ市場が急速に縮小し始めた。スマートフォンの台頭で、二〇一二年六月期にはアメリカの市場が、その半年後にはメキシコの市場が急激に冷え込んだ。

谷村さんのチームのもとには、デジタルカメラの在庫の山が残った。

「在庫をさばくのに必死でした。他の国にお願いして売ってもらったり、これまでカメラを売ったことのないコンビニや薬局チェーンに売ってもらったりしました。ソニーでは在庫を他の国にひきとってもらうのは最も恥ずかしいことです。新しい顧客層の開拓へ挑戦と言えばかっこいいですが、一年のトライアルとはいえ、会社に損失をもたらしてしまいました」

しかしその後、この失敗が大きく生かされることになる。

今、メキシコでカメラを必要としている人たちはどういう人だろうか。谷村さんが原点に戻って考えをめぐらしていたときに、ふと思い出したのはスラムの家庭で見た写真だった。メキシコでは多くの人にとって、写真は「写真屋さんで撮ってもらうもの」だ。町に乱立する写真屋を見ながら、写真屋の数だけカメラマンがいることに気づいた。

そこで、谷村さんらが次に注力したのは、コア層＝写真学校の先生と生徒をターゲットに、一眼レフカメラを売り込むことだった。一眼レフカメラは、顧客の囲い込みがしやすい製品だ。購入する人は、買い替えるときも、ソニー、キヤノン、ニコンなど、最初に買ったブランドを続けて買ってくれるケースが多い。

その上、カメラマンはメキシコで人気の職業。前述のとおり、カメラを所有することができない人たちが多いメキシコでは、写真屋のニーズが高いのだ。すぐに開業できて、商売になるため、カメラマンをめざす人も少なくない。

谷村さんのチームは、メキシコ市内の五校の写真学校と提携して、先生にソニーの一眼レフカメラを使用してもらうことにした。

「初心者クラスはカメラをまだ所持していない人が参加するケースも多く、先生にソニーの一眼レフカメラを使ってもらえば、生徒たちは教わったことを実践するためにソニーのカメラを使いたくなります。長期的に見れば、この学校の生徒たちはソニーのカメラだけではなく、レンズ、一眼アクセサリーなどを購入してくれる潜在顧客となり、ソニーにとっては一生の顧客になる可能性があるのです」

一校あたり二百人もの生徒がいるから、千人ものコア層がソニーのカメラを使ってくれることになる。谷村さんが、現場へ足を運び、メキシコの人たちのニーズを聞いたことが、潜在顧客層を掘り起こし、一眼レフのマーケティングの成功へとつながった。

「新興国では、やってみないと分からないことばかりです。いかに現場でユーザーの声を聞いて、その声に応えるか――その繰り返しですが、ビジネスになるのに時間がかかることも事実です。低所得者層へのマーケティングは、全世界的な課題でもありますから、メキシコの例が他の国に生かされればいいなと思っています」

電通の失敗力

二〇一三年三月、電通は、イギリスの大手広告代理店イージス社の買収を完了し、海外事業の統括本社となる「電通イージス・ネットワーク社」をロンドンに設立した。電通は同年七月に発表したグループ中期経営計画で、二〇一七年度までに売上総利益に占める海外比率を五五%にまで高めるという目標を掲げている。イージス社買収ですでに一八%から四四%にまで引き上げられたが、さらにグローバル化を推進していく計画だ。

電通のグローバル戦略の最前線で財務を担当しているのが、曽我有信さんだ。曽我さんは、現在、ロンドンで電通イージス・ネットワーク社のＣＦＯ（最高財務責任者）補佐として、イージス社、ニューヨークの電通ネットワーク社、電通本社の三つの会社の内部統合作業をすすめている。

イージス社の買収は完了したものの、管理部門、特に会計、税務、キャッシュマネジメント、監査、業績レポーティングの分野では、これから大掛かりな統合作業を進める必要がある。さらに電通の海外事業はこれまで電通ネットワーク社が本部機能を果たしてきたが、今後は、電通イージス・ネットワーク社が引き継ぐことになり、その引き継ぎ作業もある。曽我さんは今、ロンドンでこの統合作業に追われる毎日だ。

　これまで十年間にわたって、主にアメリカで電通の海外市場を開拓してきた曽我さんだが、そこには、先駆者なりの苦労があった。現在に至るまでの曽我さんの失敗力を取材した。

曽我有信

●タンチョウが売れない

　一九八八年四月、電通に入社した曽我有信《そがありのぶ》さんの最初の仕事は、電通制作のテレビ番組や環境映像にＣＭスポンサーを見つける社内営業だった。

　当時はバブルの絶頂期。広告代理店がこぞって、映画や映像制作に投資していた時代だ。曽我さんが配属されたスポーツ文化事業局映像事業部でも、テレビ番組やショールーム展示用の映像などを自社制作していた。部署に新入社員は曽我さん一人。上司は、どう新人の面倒を見ていいか分からない感じで、少し戸惑っているようだった。

「とりあえず、このビデオ見ていて」

渡されたのは、動物や自然の映像ビデオだった。電通に入ったのは、こんなことをするためだったっけ、という気持ちもよぎる。そんな入社一年目のある日、上司から呼ばれて、初めて本格的な仕事をまかされた。

「これ、社内走って、売ってきてくれる？」

それは、電通が制作した「タンチョウの生活誌　北海道東部にすむタンチョウの春夏秋冬・全記録」という番組だった。タンチョウは、タンチョウヅルとも言われ、国の特別天然記念物に指定されたツル科の鳥。このタンチョウの生態を一年間にわたって記録したドキュメンタリーだ。民放テレビでの放送も決まっているから、番組スポンサーを見つけなくてはならないという。

「ナレーションは菅原文太さん、音楽は小田和正さんという豪華なキャストで制作されていて、個人的には良い番組だと思いました」

しかし、社内走って……と言われても、知らない人ばかりだし、上司が紹介してくれそうな気配もない。しようがないので飛び込みで営業局をまわることにした。

「ツルの番組？　あー、むりむり！」

「ちょっと売れそうにないなー」

「そんなお盆の昼間の放送枠なんて高校野球とバッティングしてるし誰が見るんだよ？」

忙しい営業局の人たちからけんもほろろに追い返される。なぜ、話も聞いてもらえないのか……。追い返されては、売り方を考える毎日が続いた。

「『上司に売ってこい！って言われたから来ました』という態度がありありだったのです。そんな態度じゃ相手も話を聞いてくれるわけがありませんよね。どうやったら話だけでも聞いてもらえるか、必死で考えました」

毎日、営業局に通っていると、顔を覚えられて、そのうち、話を聞いてくれる人も出てきた。そこで、話を聞いてもらう前に、相手にどういうニーズがあるか、事前にリサーチをしてから営業するようになった。すると軒先で追い返されることはなくなった。しかし、相変わらず「ツル」は売れない。

一ヶ月ほどかけて百人以上の営業局の社員に売り込みをしたが、「ツル」のスポンサーは見つからなかった。

「すみません！　売れませんでした！」

約束の期限が来て、上司に報告した。入社して初めて味わった大きな挫折だった。

上司はしょうがないなと言わんばかりに、営業局に電話をした。

「ツルの件だけど……どうかな」

あっという間にスポンサーが決まった。

「上司は、新人教育の一環として、社内のネットワークをつくるためにこの仕事をやらせたと思うのですが、さすがにつらい一ヶ月間でした。百人に会って売れないというのは、やはりショックでしたね」

しかし、このとき培ったネットワークがこのあと大きく役に立つ。

曽我さんはその後、ジャネット・ジャクソンやスティングなど、大物アーティストのCMや冠スポンサーライブに携わるようになる。スポンサーに営業する際、役に立ったのが新人時代の失敗体験だ。

「相手に話を聞いてもらうにはどうしたらいいかというスキルが身についていましたし、誰にどういう話を持っていけば乗ってくれるかというのも分かるようになっていました。この『ツル』の営業体験が、その後の電通人生の基礎になっているといっても過言ではありません」

電通には「鬼十則」と呼ばれる社員の行動規範がある。そこには、『仕事は自ら創るべきで、与えられるべきでない』『仕事とは、先手先手と働き掛けて行くことで、受け身でやるものではない』など十項目が書かれている。

数々の失敗経験を重ねることによって、その言葉の意味するところが分かるのかもしれない。

●ロサンゼルスの会社を清算

二〇〇三年、留学を終えて帰国した曽我さんは、電通本社財務局で、あるアメリカの会社の買収案件に携わることになる。

それは、日本のアニメーションをＤＶＤパッケージにして欧米で販売する会社だった。この会社は、当時、ポケモンブームに乗り、アメリカで大きな利益を上げていた。そこで電通は海外でのコンテンツ事業拡大の一環としてこの会社を買収することにした。

買収後、曽我さんは、ＣＦＯとしてロサンゼルスに赴任。この会社を拠点に、アメリカの映像産業に食い込んで行く予定だった。

ところが、二〇〇五年ごろ、アメリカのＤＶＤ市場が急速に冷え込む。景気低迷によって個人消費が落ち込んだことに加え、急速なインターネットの普及に伴い、海賊版を簡単にストリーミングやダウンローディングできるようになったことが原因だった。物流を伴うパッケージ販売からデジタル配信へという大きな流れが始まった時で、ＤＶＤの販売会社はどこも苦戦を強いられることとなった。

ＤＶＤのビジネスは、売れるタイトルの版権をいかに早くおさえるかが勝負だ。そのため、曽我さんらは、それまで売れ筋を早め早めにおさえてきた。しかし市場が冷え込んでしまうと、その在庫が重くのしかかってきた。

「小売店との間で、在庫を押し込む、押し返される、のせめぎあいが続きました。買い切りだったものでも期日になってくると返品してきて、『この分の金は支払えない』と言ってくる。そのうちキャッシュがショート（不足）してきました。オフィスの電気代を何とかしようとか、人件費は何とかならないかとか、自転車操業とはこのことを言うのかと思いました」

単価を下げても売れない。在庫ははけず、返品の山。

買収前に描いていたシナリオとは真逆の方向へ会社は突き進んでいった。

「こんなに早くＤＶＤの市場が落ち込むとは誰も予想していなかったのです。数字と格闘しながら日々の危機に対処するのが精一杯で、どうやったらこの危機を脱せるのかも分かりませんでした。他社とアライアンスを組んだりもしましたが、万事休すだったのです」

この状況に、電通本社は、最終的にロサンゼルスの会社を清算することを決定。ローカルスタッフは解雇されることとなり、曽我さんは、ニューヨークへ転勤となった。

「なぜこのような事態に陥る前に、ＣＦＯとして、もっと早く撤退を提言できなかったのか。『何とかすればキャッシュはまわるはず』と思ってしまったのが悔やまれてなりません。スタッフを解雇せざるをえなくなって、弁護士から『（危険なので）マネジメントは会社に出社しないように』と言われたときの無念は一生忘れることはありません」

曽我さんは、ニューヨークの電通ネットワーク社などを経て、二〇一三年、ロンドンの電通イージス・ネットワーク社に赴任。海外勤務はもう十年となった。

「ロサンゼルスでの失敗が、会社にどう評価されているかは自分には分かりません。しかし、その後も海外事業に挑戦させてもらっているということは、『ベストを尽くした結果の失敗だからしようがない、その失敗経験を次の仕事に活かして欲しい』と考えてもらったのではないでしょうか。あの自転車操業の体験は、教訓として今に生きています」

●減点を恐れなくてもいい企業文化

電通の鬼十則には、「難しい仕事を狙え、そして、これを成し遂げるところに進歩がある」という項目がある。つまり、最初から失敗を覚悟で、大きくて、難しい仕事に挑めと言っているのである。曽我さんは話す。

「失敗を奨励する文化とは言いませんが、少なくとも失敗を追及する文化はないと思います。社員が『どうしてもこれをやりたい』と言えば大抵のことはやらせてもらえると思いますし、たとえ失敗しても、二度目、三度目のチャンスは与えられると思います」

曽我さんは、入社して二十五年になるが、新しいことに挑戦して、結果が出なかったからといって、減点されるようなことはなかったと言う。

「失敗した時の減点を恐れる必要がない、という文化は、社員に共有されていると感じます。こうした企業文化が、これまでは成長の原動力となってきましたが、今後、それをどうグローバル化に生かしていくかが課題だと感じています」

三井物産の失敗力

世界中で新規のビジネスチャンスを見出すことが求められる商社の仕事は、つねにリスクと背中合わせだ。カントリーリスク、為替の変動による為替リスク、物価上昇率に影響されるインフレリスク、債務不履行などによる信用リスクなど、様々なリスクを織り込んだ上で、ビジネスを進めなくてはならない。

「組織の三菱、人の三井」とよく言われるが、三井物産には、「人材こそ最大の財産」という考え方がある。社員がリスクを恐れていては、何のビジネスも生まれない。だからこそ、三井物産には、社員が現場で新しいことに挑戦することを歓迎する文化がある。

女性の海外駐在に対しても積極的に支援している。ここで紹介する山本伊佐子さんは、三人の子どもを連れて、二〇〇八年、ロシアに赴任。千歳敦子さんも、二〇一〇年、夫と子どもを連れてアメリカ赴任し、シリコンバレー支店で活躍中だ。二人とも先駆者として、女性登用への道を切り開いてきた。

三井物産の失敗力①　山本伊佐子

●ウクライナで挑戦しなかった後悔

「あの〜、私、何をすればいいでしょうか？」

ウクライナにある三井物産キエフ事務所に配属された山本伊佐子《やまもといさこ》さんは、所長にこう尋ねた。一九九五年、入社四年目のことだ。山本さんにとって、海外の拠点で実務を経験するのは初めて。当初は、自分の仕事や役目が何かもよく分かっていなかったという。

山本さんは、「修業生制度」という三井物産の人材育成制度を使ってロシアに渡った。修業生制度とは、英語圏以外の国の大学などで一年間語学研修した後、現地のオフィスで一年間実務研修をする合計二年間の研修プログラムだ。

山本さんは、一九九四年から一年間ロシアの大学で語学を学び、その後、ウクライナのキエフ事務所で一年間働くことになった。語学研修を終えた後の実務研修を、三井物産では「お礼奉公」と呼ぶ。

山本さんが配属されたキエフ事務所は、日本人の事務所長と現地のスタッフ数人という小さな事務所だった。

「とりあえず、資産台帳の整理をやっておいて」

所長から言われる仕事は、総務・経理や給与計算など、事務処理仕事ばかり。

退屈だな……。

来る日も来る日も、単純な作業を右から左へとこなす。そんな日々が二ヶ月も続いたころ、モスクワ支社から山本さんあてに、突然怒りの電話がかかってきた。

「おい、あの化学品の件はどうなってるのか！」

化学品って……。

「えっ、それは、現地のスタッフが担当しているはずでは……」

「それは、君の仕事だろう！」

電話の受話器を置いて、山本さんは呆然となった。化学品の案件は、事務処理の片手間にテレックスを読んでいたから知っていた。しかし、修業生の自分が主体的に担当しようという意識はなかった。化学品の営業部隊の一員だと気づいたのは、このときが初めてだった。

山本さんは、このとき二十六歳だったが、実は肩書きはキエフ事務所副事務所長。現地スタッフを統括する立場にあったのだ。山本さんは振り返る。

「当時、三井物産では、『上司の背中を見て育て』と部下にあえて何も言わないタイプの上司が多かったのです。私はそれまで法務部の仕事しかしたことがなく、何をどうすればよいのか分からず、二ヶ月間、受け身で仕事をしていました。暇だな、と思いながらも、その現状に疑問を持って、上司に質問さえもしなかったのです」

焦った山本さんは、現地のスタッフに「どうすればいいの？」「どこに売り込めばいいの？」と聞きまくった。

それは日本輸出入銀行（現・国際協力銀行）が、ウクライナへの輸出品に対して一定の金額を融資するという案件だった。日本の輸出業者を直接支援するのではなく、ウクライナ国政府を通じて、輸入する側に融資される。

三井物産はウクライナの企業と日本の企業をマッチングさせる役目を買って出た。三井物産がウクライナで輸入してくれる企業を見つけてくれると、日本の輸出業者は「うちの製品をウクライナのX社というところが買いたいと言っていますが、彼らはお金がないのでお金をつけてください」と日本輸出入銀行に申請する。民間で話を進めて最後に日本輸出入銀行から融資の承認を受ける仕組みだった。国を通じての融資なので、どの会社のどの製品を輸入するかは、最終的にはウクライナ政府が決める。政府への働きかけも、三井物産の仕事だった。

医療機器、音響機器など、日本のお客さんからウクライナへ売り込みたい製品のリストがよせられ、その中に、化学品もあった。化学品は、ある日本の化学会社から、熱心な依頼を受けていた。

山本さんはウクライナ当局に毎日通い、必死で売り込みをかけた。しかし、時すでに遅し。結局、その化学品は、融資対象品に選ばれなかった。

山本さんは、キエフ事務所でのこの失敗は、「二十代で最も痛かった失敗」だという。

「副事務所長の自分が二ヶ月を無駄に過ごしていなければ……と悔やまれてなりませんでした。テレックスでこの案件のことは知っていたのに、なぜ所長やモスクワに自分から聞かなかったのか。もう一歩踏み出す勇気の大切さを教えてくれた失敗でした」

仕事は「与えられるもの」ではないことを学んだ経験でもあったという。

●ロシアで販売店が開業できない

二〇〇八年、山本さんは、モスクワへと転勤になる。Mitsui Automotive CIS Investment B.V.のディレクターに就任するためだ。この会社は三井物産がロシアの自動車販売事業に投資するために設立した会社で、オランダ国籍だが一〇〇%出資の子会社だった。

三井物産の女性総合職第一号として採用された山本さんは、子どもを連れての海外赴任も女性第一号。夫を日本に残し、三人の子どもを連れての赴任となった。

二〇〇八年当時のロシアは、景気が良かった。

特に自動車業界は好景気に沸いていた。プーチン政権が外資導入によって自動車産業の雇用を守ろうと、国外の自動車メーカーが進出しやすい投資環境を整えたからだ。その結果、日本の自動車メーカーが次々に工場を建設し、販売店を増やしていった。

赴任したばかりの山本さんの仕事は、日本の自動車メーカーの販売店を開業すること。販売店をオープンするには土地を獲得し、関係当局に建築許可を含む各種許認可を取らなくてはならない。しかも、店を一つ開業するのに複数の業者が名乗り出るコンペになるのが常で、毎回、三井物産が選ばれるわけではなかった。

「モスクワで忘れられない失敗といえば、苦労してコンペに勝ったにもかかわらず、最終的に自動車メーカーが希望する場所の土地を確保できずに、販売店を開業できなかったことです」

山本さんは、あるコンペに勝った後、早速販売店の開業準備にとりかかった。その際、政府との交渉や建築許可申請などを合弁パートナーであるロシア企業の担当者にまかせた。

しかし、待てど暮らせど、政府の許可はおりない。

「政府との調整は得意だから、まかせてくれ」

「あと一ヶ月待ってくれたら、何とかするから」

ロシア人担当者から出てくるのは、言い訳ばかりだった。

そうこうしているうちに時間切れとなり、販売店を開業することが出来なくなってしまった。せっかくのコンペの勝利も水の泡となってしまったのだ。

「ロシアで仕事をするなら、ロシア人パートナーにまかせなくては、と思い込んでいたのが間違いでした。私も赴任したばかりでしたし、政府系の折衝に外資が出ていくよりロシア人同士で交渉したほうがうまくいくのでは、と遠慮してハッキリ主張しなかったのも敗因でした。今だったら、三井物産側の現地スタッフを活用して、きっちりスケジュール管理をしたと思います」

山本さんによれば、当時、ロシア人のエグゼクティブには二通りのタイプがいたという。決められたことだけをのんびりやる「社会主義タイプの人」と、お金儲けのためなら効率よく働く「資本主義タイプの人」だ。山本さんのビジネスパートナーだった担当者は、明らかに社会主義タイプの人だった。

「ロシアでジョイント・ベンチャーをはじめるときのパートナー選びはとても難しいですが、仕事をまかせるのであれば、『チャカチャカ働いてくれる人』を見つけて、お願いするべきだったのです」

この子会社での失敗の教訓は後に、山本さんが三井物産モスクワ機械課のジェネラルマネージャーに就任したときに生きてくる。

前述の場所とは別の場所で土地を購入して販売店を建設することになったとき、登記からさまざまな許認可取得まで、すべて三井物産モスクワでやることにしたのだ。

「やってみれば、外国人でも出来たのです。しかも自社でやったほうが、自社にノウハウが蓄積されていきますから、どんどんビジネスがうまくまわるようになっていきました。過去の失敗からの学びが何倍にもなって返ってきました」

山本さんの経験は、失敗を生かせば企業のノウハウ蓄積にもなることを教えてくれる。

三井物産の失敗力② 千歳敦子

●通訳失敗で恥ずかしい思い

米国三井物産シリコンバレー支店でジェネラルマネージャーとして活躍する千歳敦子《ちとせあつこ》さんが今でも忘れられないのは、入社三年目のときの失敗だ。

そのときの恥ずかしい思いは、千歳さんの中で強烈な教訓となって残り、ハーバードビジネススクール受験の際、「失敗から学んだ体験」として課題エッセイに書いたほどだ。

千歳さんは、一九九八年当時、情報産業本部でネットワーク機器の輸入を担当していた。あるとき、シリコンバレーからネットワーク機器会社のマーケティング部門長が来日することになり、その通訳を帰国子女で英語が堪能な千歳さんが担当することになった。

千歳さんは、専門用語などを事前に準備をしようと、先方にプレゼンテーション資料を早めに送ってもらうよう催促してみた。しかし、結局、なしのつぶて。

ぶっつけ本番で通訳に臨むことになった。

来日したのは、アジア系アメリカ人のやり手の女性。新しく開発されたネットワーク機器を、日本のシステム系代理店などに売り込むのが目的だ。三井物産はその販売代理店を請け負う予定だった。

この女性の会社はシリコンバレーのネットワーク機器の世界では駆け出しのベンチャーだったが、新しく開発された機器が注目を集めており、日本の情報通信企業など六社二十人ほどが三井物産本社の会議室につめかけた。

プレゼンテーションがはじまると、女性部門長は、エネルギッシュに早口で話し始めた。自社の機器の技術優位性や細かいスペックを詳細に語り始めたのだ。

ところが、その内容は、専門用語ばかり。通訳をしていた千歳さんはパニック状態になってしまった。

「リダンダンシーって何だっけ？　バンドウィズってこの場合日本語にすると……？」

分からない言葉が次から次へと繰り出される。

そのうち、千歳さんの日本語訳がどんどん短くなっていった。

「こんなにたくさん話したのに、日本語にするとこれだけ？」という感じで、部門長が不思議そうに千歳さんを見る。

「えー、あー……」

見られれば見られるほど、緊張して、しどろもどろになった。

「プレゼンは一時間もなかったと思いますが、ものすごく長く感じられました。とにかく恥ずかしい気持ちでいっぱいで、早く終わってほしいと思いました」

プレゼンテーションが終わると、三年先輩のチームリーダーが遠い目をして千歳さんにこう言った。

「あ〜やっぱり、こういう通訳は難しかったのかな……」

千歳さんにとっては、怒鳴られたほうがまだましだった。

「ガッカリされたのが、余計に傷つきました。『私って、ダメだな』と。もう二度と、こんな失敗はしないと決意しました」

そこで、千歳さんが行ったのが、次に同じような仕事を頼まれたときに、どうすれば、このような事態を避けられるか、という敗因分析だ。

「よくよく考えれば詰めが甘かったのです。プレゼンテーションの下書きでも概要でも、手がかりになるものを何でも入手しておけば、専門用語の準備は出来たのです。あるいは、自分の知識では自信がないと思ったら『プロの通訳の人にお願いしたい』と上司に申し出るという手段もありました」

このときの体験は、その数年後、千歳さんがシリコンバレーのアメリカ企業に出向したときに生かされる。

シリコンバレーでは、ネットワーク機器の展示会が数多く開催される。千歳さんは、アメリカ人技術者の日本語通訳を務めることも多かった。展示ブースでの通訳とはいえ、想定問答等事前に入念な準備をして、日本のお客さんに分かりやすいように説明した。

「どんな仕事であっても中途半端な気持ちでのぞんではいけないのです。二十代のときの恥ずかしい体験から、仕事に取り組む姿勢を学んだと思います」

●アメリカ人女性とのバトルで会議が凍る

千歳さんは、二〇一〇年にニューヨークに赴任。二〇一三年にシリコンバレーに転勤になり、現在はシリコンバレー支店のジェネラルマネージャーとして、新領域事業の開発を統括している。エネルギー分野のソフトウェア会社やロボティクスの開発会社など次世代の投資案件を開発するのが主な仕事だ。アメリカ駐在は四年目に入った。

千歳さんが、アメリカでの失敗体験として今も覚えているのが、二〇一一年、ニューヨーク本店で、あるプロジェクトを担当したときのことだ。

それは、ビルの省エネ事業の案件だった。千歳さんはCさんというアメリカ人男性と二人三脚で、古いビルに省エネのボイラーや節電装置などの工事を提案し、そのプロジェクトに出資をするという仕事をしていた。千歳さんはチームリーダー。Cさんは三十代の元投資銀行のバンカーで、ニューヨーク本店の社員だった。

Cさんは、アメリカ東海岸にある大学の工事案件で、ビルのマネジメント会社の女性と数ヶ月にわたって交渉を続けていた。マネジメント会社は大学に対して、キャンパス内にあるビルの省エネ工事の提案をし、大学側はすでに工事を承諾していた。ところが女性側が出資を検討する三井物産側に、条件面で無理難題をふっかけてきたため、交渉が長引いてしまっていたのだ。

Cさんは対話によって交渉を成立させようとしていたが一向に進展する気配はなかった。何とか決着をつけたい。そう思い、千歳さんは、次の関係者とのミーティングには自分も出席したいと提案した。そこには、千歳さんの他に、Cさん、マネジメント会社の女性、そしてそのスタッフが参加することになった。

この会議で決めなくては……。

千歳さんは、プロジェクトのチームリーダーとして、口火を切った。

「これまで話し合いを続けてきましたが、我々の真意が伝わってないのではないでしょうか？　我々は、御社の望む条件で取引する気はありません。それでもこのプロジェクトに参加されますか？　されないのですか？　どっちですか？」

相手側の女性の顔が、怒りのあまり、みるみる真っ赤になってきた。そして、大きな声で叫んだ。

「今までの話と違うじゃない！」

バツが悪そうにCさんは女性同士の戦いを見ていた。もちろん、この日の交渉は決裂となった。

「今思い出しても恥ずかしいですが、『アメリカ人にはストレートにモノを言わないと伝わらないし、それはチームリーダーの役目だ』と思い込んでいたのです。ハーバードで学んだ交渉術の基礎はわきまえて臨んだつもりでしたし、ここは自分が鬼にならなくてはとも思いました。ところが、アメリカ人は日本人以上にオブラートに包んで発言します。これは、終身雇用制の日本とは違って、アメリカでは、いつ自分の仕事がなくなるか分からないからです。来たるべき就職活動に備えてどの業界でも敵をつくらないようにしますし、仕事で知り合った人とのネットワークもとても大切にするのです」

会議の後、Cさんがぽつりと言った。

「今回はダメでも、あの会社から別の大学の案件がくるかもしれないよ……」

千歳さんは立場上、関係会社や投資先の管理等の仕事が多く、現場での交渉はCさんのような同僚にまかせていた。

「Cさんと事前に会議中の役割分担や想定されるシナリオをきちんと打ち合わせをしておくべきでした。これまでの対話をふまえ、どのタイミングでこちらの立場をどういうニュアンスで伝えればいいのか、戦術を立ててから交渉に臨むべきなのに、『私が鬼になる』と一方的にハードな交渉を始めてしまったわけですから、恥ずかしい限りです」

現場から学ぶことの大切さを教えてくれた体験だった。

●三井物産の失敗共有システム

三井物産では、失敗事例およびその事例から得た教訓を全社で共有する仕組みがある。そこには、案件の詳細も記録されていて、社員がオンライン上で閲覧することができるという。三井物産の飯島彰己社長は、朝日新聞のインタビューに次のように述べている。

「海外での商売・投資にリスクはつきものです。カントリーリスク、与信リスク、相場リスク、為替リスクなど、様々です。企業の競争力は、こうしたリスクへのノウハウをどれだけ蓄積しているかが、大きく影響します。三井物産には、過去の失敗から得た『暗黙知』の教訓を『形式知』として社内で共有する仕組みがあります。失敗経験を機能に進化させ、前に進むことが大切です」

（朝日新聞デジタル　二〇一二年九月七日）

三井物産の社是は「挑戦と創造」。挑戦には失敗は避けられない。

千歳さんは話す。

「私がハーバードで教えられたことは、リーダーが問われるのは、いかに情報を多く集めて良い判断ができるか、ではなく、いかに限られた情報で判断できるか、ということでした。ただ現実に新規事業をはじめるときには、情報がほとんどないことも多々あり、結局は自分の過去の経験や『常識』や『直観』に頼って判断するしかないこともあります。もちろん失敗することもありますが、情報を待っていつまでも前に進めないよりは、進んだほうがいいのです」

千歳さんは、三井物産には、現場力を重視したボトムアップのカルチャーがあり、現場からの挑戦は歓迎される社風があるという。

「三井物産では、投資などで失敗しても、その後異動して重要なポジションをまかされるというのはよくあることです。それは、失敗自体はさまざまな要因で起こってしまった事実ではありますが、それまでの取組みとか、失敗自体から得られた経験であるとか、その人のよい面が認められたのだと思います。ですから、若い人には失敗や周囲からの評判を恐れずに行動に移していただきたいですね。逆にもっと『失敗を恐れて何もしないほうが許されない社風』になってもいいくらいだと思っています」

三菱商事の失敗力

売上二十兆円を超える三菱商事グループは、日本最大の総合商社だ。国内外約九十ヵ国に二百超の拠点と約六百社の連結対象会社を持ち、連結従業員は約六万人に上る。

三菱商事は今、グローバル人材の育成にさらに力を入れており、年間百名を超える若手社員が世界各国に派遣される。

社員は「奇を衒わず、策を弄さず、正面から正々堂々と取り組むこと」が三菱商事のやり方だと叩き込まれ、失敗しても、それが「処事光明」（三菱商事の企業理念の一つ。透明性・公明性・公平性を堅持して企業活動を行うこと）の結果であれば、次のチャンスが与えられる。

ここでは、二〇〇八年、海外での新規事業に挑戦した鈴木圭一さんに、その失敗力について話を聞いた。

鈴木圭一

●君は熱意が足りない

あ〜、また社内報告書の直しか……。なんて無意味な仕事なんだろう。

時は一九九五年。三菱商事入社三年目の鈴木圭一《すずきけいいち》さんは、ふてくされていた。開発建設本部で都市再開発事業を担当していた鈴木さんは、地域の住民や土地を買った企業との協議内容を部長に報告する仕事をまかされた。

三菱商事の社内報告書はA四用紙一〜二枚以内と決まっている。とにかく情報を簡潔にまとめなければならない。

当時は、若手が書いた社内報告書を上司が赤字で添削して戻すことが慣例となっていた。この添削指導は、新人のときだけではなく入社してから約三年間続くのだという。

鈴木さんの報告書は、毎回、全体の八割ぐらいが修正されていた。真っ赤な報告書が戻ってきたら、修正箇所を一つ一つワープロで書き直さなくてはならなかった。

「三菱商事の社内文書は、非常に文語的な書き方をするのが慣例です。『頭書の件』という頭書きや、『〜の件に就而（＝就いては）』などという言い回し。さらに『A及びB』『A、B並びにC』というように、二つ並列する時は『及び』を使い、三つ以上並べる時は『並びに』を使うというルールもありました。そういうところを細かく直されるのです」

鈴木さんは、「及び」と「並びに」の違いなんてどうでもいいじゃないか！　と叫びたくなったという。

「こうした数多くのルールに加え、指導する上司の『趣味、好み』に合わせることも必要でした。当時は、報告のスピードや効率の方が大事ではないのか？　どうせ大した進展もないのにな……と思いながら嫌々書いていましたね」

グローバルな仕事をしたくて商社に入ったのに、毎日、毎日、日本語の添削指導。日本語力なんて、グローバル企業には必要ないのにな……それにいつまでたったら、添削先生から卒業できるのか……そんなことも考えていた。

「入社して一、二年目は、会社での仕事がどれも新鮮に思えますが、三年目ともなると、単調な仕事に飽きてきます。仕事もできないくせに、態度だけが大きくなっていましたね。それは、『自分は三年目なのに、まだこんなことしかやらせてもらえないのか』という焦りの裏返しでもありました」

鈴木さんには、社内報告書の価値が分からなかった。

どうせ、赤で直されるのだから、適当に書いておこう……。

オレにこんな仕事しかまかせない上司も悪いんだ。

適当な報告書を提出し続けていたところ、ある日、チームリーダーから呼び出された。

「鈴木、やる気のない態度は許されないぞ！　もっと熱意を出せないか！」

チームリーダーは続けた。

「忙しい部長に対して、簡潔で分かりやすい文章で報告するというのは、部下としての基本だ。長年、商事で培われてきたフォーマットに従って書けば、部長も理解しやすいし、判断しやすい。その結果、チーム全体の作業効率の向上につながる」

チーム全体の効率のためだったのか！

鈴木さんはそのとき、なぜ上司が時間をつかって社内報告書をわざわざ添削するのか、やっとその理由が分かったのだという。

「上司に怒られる前に、なぜ、その仕事をやる意味を自分から聞かなかったのかと思いますね。筋トレと同じで、仕事上の基礎体力を身につけるのは、同じ作業を繰り返すしかありません。そこで『やらされている』と感じてしまうと続かないのです。どんな小さな仕事でも会社にとっては意味があるということを学びました」

その後、鈴木さんは真剣に社内報告書と向き合うようになる。すると、報告書が真っ赤になって返ってくることがほとんどなくなったのだ。さらに上司の文章を打ち込み直すという作業は、自分の頭を整理する作業だということに気づく。

鈴木さんは、今、管理職として、部下の社内報告書を添削する立場だ。

「読む立場になってみると、商事のフォーマットに従って書いてあるものは、とても読みやすいんですよ。あのとき叱られた意味をあらためて実感しましたね。今は、昔みたいな赤ペン先生はいなくなりました。私を含めて皆、時間がないので、コンピューター上で直してしまいます。赤ペンで添削してもらった方が本当は新人教育にはいいのでしょうが、管理職にその余裕がないのが残念ですね」

三菱商事では、この社内報告書が積み重なって、案件が出来上がる。その価値が分かったのも管理職になってからだ。

「さすがに報告書一枚でお金は動きませんが、この報告書が積み重なって経伺《けいし》という書類になります。この経伺で承認されると、オイル&ガス事業、鉱山事業、大規模電力事業などは、数千億円規模のプロジェクトになることも珍しくありません。上司に怒られたおかげで、報告書をきちんと作成できるようになったことを今では感謝しています」

●フランスから失意の帰国

「フランス企業の買収案件が、私の会社人生の中で、最も大きな失敗だったと思います」

鈴木さんがフランスの部品メーカーにCOO（最高執行責任者）として赴任したのは二〇〇八年。

それまでニューヨークの企業再生ファンドに出向した経験はあったが、事業会社のCOOという重責を担うのは初めてだった。

何より、この企業は、鈴木さんが提案して、買収した企業だった。

当時、三菱商事には、国内外の事業会社を買収し、産業金融に進出していこうという機運があった。鈴木さんはM&A（企業の買収と合併）の担当者として、このフランスの会社を見つけたときは、「これだ！」と思ったのだという。この会社は優れた部品をつくっていて、日本の会社にない技術やノウハウがあった。

「この部品をつくるノウハウでこういうものもつくることができる」

に提出した。

「この会社を軸に、商事がリーダーシップをとってメーカーの再編をすることもできる」

アイデアがどんどん浮かんできた。鈴木さんは早速、買収提案と成長戦略を書いて上司に提出した。

「商社が主体的に産業のイノベーションにお金を使わなくてはいけないんです！」

「商社が軸となって、メーカーをグローバルに再編していきましょう」

鈴木さんの熱い説得に、上司は少し戸惑う。

「海外の製造事業会社を買うって大丈夫か？」

上司は海外メーカーの経営権を買収するという初めての試みに、躊躇していた。しかし鈴木さんの並々ならぬ熱意を感じた上司が、この案件を応援してくれることになり、最終的に数十億円規模の買収案が承認された。

鈴木さんは二〇〇八年、フランス郊外のメーカーにCOOとして赴任。およそ二百人の社員を統括する立場となった。鈴木さんが赴任して真っ先に確認したのは、財務状況だった。買収額が妥当だったか、売上目標は達成出来そうか、会社の内部書類を確認した。

「何だこれは！」

その場で声をあげそうになった。買収したときに確認した売上目標を、どうみても達成できそうにない経営状況だ。

高く買わされてしまったのか！　顔面が蒼白になった。

「調べてみると、会社を我々に高く売れば売るほど、その会社の経営陣にボーナスが入る仕組みになっていました。買収を検討しているときに、この会社が提出した数字は、すべて楽観的な財務予測でした。もちろん『予測』ですから違法ではありませんが、『これぐらいの注文が入るはず』という予測も、全く現実的ではなかったことが、買収後はじめて分かったのです」

鈴木さんがキャッシュフローをチェックすると、すでに予測から大幅に下回っていた。

「ちょっと、どうなっているんだ！　君の数字を信じて買ったんだぞ」

鈴木さんは、こらえきれなくなって、フランス人の財務担当者を問いつめた。すると彼はバツが悪そうに答えた。

「ウソは言っていませんよ……」

時すでに遅し。何を言っても後の祭りだ。

「私の判断が甘かったのです。この業界に詳しい経営コンサルタントからお墨付きももらっていたこともあり、楽観的な売上予測をそのまま信じてしまいました。部品メーカーというのは基本、下請けですから立場が弱く、お客さんから急に購入数を減らすと言われても文句を言えない契約を結ばされているのです。つまり売上予測は、お客さんの都合で決まるのです。この仕組みは日本の商社がどんなに頑張っても、変えられるものではありません」

鈴木さんは、新しい顧客を開拓しようと、必死に立て直しの戦略を立てた。自ら営業にいくこともあった。しかし、部品の注文数は、どんどん減っていった。

そこへ、二〇〇八年九月、リーマンショックが起きた。

最大の得意先の売上が半分ぐらいに落ち込んだ。そのあおりをうけて、鈴木さんの会社のキャッシュもみるみるショートしていった。

「成長戦略なんてとんでもない。本案件はリストラ案件だ。ただちに元本を回収せよ！」

東京から指令が飛んだ。

「買収先メーカーのグローバリゼーションに貢献する、と理想を追い求めている場合ではなくなりました。買収資金を借りた銀行からは倒産を宣告されても文句を言えないような資金繰りでした」

鈴木さんは、どんな打開策があるかを必死で考え、再建に取り組もうと出来る限りの手を尽くした。しかし、二〇〇九年、COOの任を解かれ、日本に帰国することとなった。正に失意の帰国だった。

「この買収案件の成就にのめりこんでしまったのが最大の原因だと思います。いくつも買収案件を同時並行で検討していれば、良いディールに巡り会う可能性が高くなるのですが、私は『この会社しかない！』と決めつけてしまいました。案件を成就することが目的となってしまい、その結果、楽観的な売上予測を信じてしまいました。やはり私の判断が甘かったのです」

鈴木さんは、帰国後、新エネルギー・電力事業本部で、太陽光発電事業に投資するチームのリーダーに就任。ここで、フランスでの失敗が生きてくる。過去一年間にヨーロッパの四つの発電企業に投資したが、いずれも優良企業に成長している。

「投資をする前に、売上とコストを達成できるのか、しつこいほど疑ってかかることになりました。そして、一つの案件にほれこんで、固執することももうありません。フランスでの失敗はとても大きな失敗でしたが、二度と同じ間違いはしないよう、最大限の努力をしています」

かつての三菱商事は、ローリスク・ローリターンの「仲介（貿易）事業者」だったが、一九九〇年代以降、ビジネスモデルの変革をすすめ、現在は、リスクを管理しつつ、より高いリターンを目指す、「総合事業会社」になることをめざしているという。

その変革の過程には、数多くの失敗もある。しかし、鈴木さんによれば、「失敗から逃げなければ次のチャンスが与えられる社風がある」という。

失敗しても「奇を衒わず、策を弄さず、正面から正々堂々と取り組むこと」。そこに三菱商事の強さがあるのかもしれない。

第五章

失敗を恐れる前に

●仕事の失敗はすべて解決できる

世界で活躍する日本人エリートの皆さんの貴重なエピソードは、成功の過程には多くの失敗体験があり、かつ仕事の失敗はすべて解決可能だということも教えてくれる。

新人時代の失敗は、会社全体から見れば小さな失敗だ。コミュニケーションミス、数字のミス、仕事の優先順位の間違い、仕事の時間配分の間違いなどは、上司や同僚から指摘されて気づくものだが、これらは自分の努力次第で解決可能だ。

営業の失敗、プレゼンの失敗など、はっきりと結果で示される失敗もあるが、これも仕事の結果は組織の結果でもあるから、組織の力、つまり上司や同僚の力を借りれば、挽回することができる。

新人時代の失敗として最も悔いが残るのは「挑戦できたのに挑戦しなかった失敗」だ。これればかりは、解決できない。ミスや間違いは取り返しがつくし、営業の失敗などはその後挽回すればいいだけだが、挑戦しなかった失敗だけは自分自身の敗北なので、解決できない。今回取材させていただいた方々が皆、「若い人には挑戦してほしい」というのには、そういう意味がある。

三十代や四十代で、経営者や管理職として世界で活躍するとき直面するのは、新たな種類の失敗だ。

現地社員の人材マネジメント、現地のクライアントのマネジメント、さらには事業そのもののマネジメント――新人時代とは違って重責を担っている分、どれも失敗の規模が大きくなる。しかし、これらの失敗は避けられるものではなく、結局のところ正面から向き合って解決するしかない。従業員の解雇、事業の閉鎖、事業の縮小など、どれも苦渋の選択だが、それらを乗り越えてこそグローバル市場で成功できるのだ。

この章では、失敗を恐れる前に知っておくといい知識をまとめてお伝えしたい。

●失敗は認識の問題

「成功した」「失敗した」と決めるのは、誰だろうか？　――自分の主観だ。

例えば、AさんとBさんの二人が数字のデータ入力を間違えて、上司に怒られたとする。同じように上司に怒られても、Aさんは「修正すればいいだけだよね。次、気をつければいいや」と思い、Bさんは「あ〜、失敗してしまった。もうこの会社でオレは終わった」と思う。

その違いは何だろうか。期待値の違いだ。

Aさんは、ミスをするのも上司に怒られるのも想定内。一方、Bさんが目指していたのは、「完璧なエクセルシート」とミスなんかしない「完璧な自分」だ。

期待値を高く持たないというのは、打たれ強くなる上で大切な要素だ。期待値が高ければ高いほど、現実とのギャップが大きくなり、「失敗した」と認識することが多くなる。その結果、負のスパイラルに落ち込むことになってしまう。

しかし、期待値を高く持たない人は、そもそも「失敗した」と認識しない。すべて想定内だし、期待値が低い分、それを超えた結果が出た場合、逆に「成功した」となる。

元グーグルの石角友愛さんは、こうした期待値マネジメントがとてもうまい。それが石角さんの「挑戦し続ける人生」につながっている。

「たとえば、本を出版したとします。それが初版数千部の売上で終わってしまったとしても、私は『本が出せただけでもありがたい』と思うタイプです。でもきっと、『五万部売らなくては』と目標を設定して出版した人は、失敗したと認識してしまうでしょうね」

グーグルに入社した経緯もユニークだ。

「絶対、グーグルに入社するという目標を立てていた訳でもありませんでした。ハーバードを卒業後、シリコンバレーに引っ越して、そこで最初に内定をくれた会社に就職しようと思っていましたから。何ヶ月間も仕事が決まらなかったのですが、結局、最初に内定を出してくれたのが第一志望のグーグルだったのです」

　起業した会社についても、地に足のついた目標を掲げている。

「ユーザー数何百万人を一年以内に達成する、というような目標よりも、目の前にあるタスクに集中します。もちろん、中長期的なビジョンはいつもありますが、自分の心の中の不安と戦うためにも目の前にある仕事に集中することは大切です。ユーザーの声を聞いて、軌道修正しながら、ビジネスを着実に立ち上げていくつもりです」

　元ＢＣＧの方健太郎さんは、フランスを拠点に四つの会社を経営しているが、会社によって成功・失敗の基準が違う。

「たとえば、『この会社は自分にしかできない社会貢献活動の一環だから大きく儲けなくてもいい』『この会社は、ニッチな市場でナンバーワンになる』など会社ごとに成功の定義が違うのです。起業した会社が成功したか失敗したかを決めるのは結局、経営者の我々で、すべての会社にお金のリターンを期待しているのではないのです」

　高い目標を掲げよ！　とはよく言われるが、目標が高ければ高いほど、失敗する確率も高くなる。それで精神的に落ち込むようであれば、期待値を低くして目の前のことに全力を尽くすようにするのも一考だ。その方が長期的に見れば、成功する可能性が高くなるかもしれない。結局、成功・失敗の基準を決めるのは、自分なのだから。

自分のリスク許容量を考える

世界に変化をもたらしてこそ、グローバルリーダー。新しいことに挑戦してこそ、グローバルリーダー。ハーバードやスタンフォードでそう教えていると聞くと、自分も何か新しいことを始めなければいけないような気持ちになる。

このとき、考えなくてはならないのが、自分のリスク許容量だ。

例えば、海外で働きたいからといって、今の会社を辞められるか。借金してまで起業ができるか。あるいは、停電や断水が日常茶飯事の環境で暮らせるか。家族を犠牲にしても、海外で起業できるか。このリスク許容量は育ってきた環境などによって、一人一人違うので、自分の許容量は自分にしか分からない。

アメリカの経営大学院で「スティーブ・ジョブズのように起業してこそグローバルリーダーだ」と教えられて、卒業後実際に起業した人の中にも、「自分には耐えられなかった」

と言って普通の企業に就職しなおす人もいる。あるいは、「社会貢献をしたい」と卒業後、NPOの仕事でアフリカに赴任したものの、「こんな環境には耐えられない。夢ばかりは追っていられない」と言って、アメリカに戻ってくる人もいる。

自分がどのぐらいのリスクに耐えられるのかは、実際やってみないと分からない。それをなるべくリスクをとらないで確かめるには、小さく挑戦してみるというやり方がある。例えば起業するにしても、全財産をかけて……とやる前に、期間と投資額を決めて少しだけやってみる。すると、自分が起業に向いているかどうかはすぐ分かるものだ。

会社を辞めて何かやりたいと思ったときも、まずは休職制度を活用してみるのも手だ。元マッキンゼーの金田修さんのように、休職して社会貢献活動をしてみたがやはりマッキンゼーに戻ることにした、という例もある。

もちろんリスクヘッジを人生の目的にしてはいけないが、悶々と悩み続けるよりは、まずは小さく挑戦して、自分の失敗への耐性を確かめてみるというのも有効な手段なのだ。

●個人の失敗で会社はつぶれない

会社は、社員の失敗をどこまで許容してくれるのか？

それは会社の社風にもよるし会社の経営状況にもよるが、会社がつぶれるような失敗をおかさない限り、個人の失敗は組織の失敗だ。

会社がつぶれるような失敗とは、たとえば不正会計や粉飾決算といった法律に違反するような行為だ。それ以外は、投資で失敗しても製品が失敗しても、仕事上の失敗は組織の失敗とみなされる。

「お前のミスぐらいで、トヨタ自動車はつぶれない、もっと力抜いてやれよ！　と新人のころ先輩から言われましたね」

というのは、トヨタ自動車の田上康成さん。

田上さんは新人時代、海外企画部でデータの入力まちがいをしてしまったことがあった。その結果、生産ラインに大きな迷惑をかけてしまった。

〝貴部並びに関係各部の皆様に多大なるご迷惑をおかけして、弊部としてお詫び申し上げます。弊部の再発防止策は……〟

仰々しい反省文を書いて各所を謝りにまわった。叱責されると思っていたら、逆に先輩は温かく励ましてくれた。人間である限り、ミスはする。トヨタでは、生産現場でも販売現場でも、ミスが発覚したときには、すぐに原因究明をすることになっている。

田上さんは話す。

「トヨタの販売の現場には、『ミスをしたときに、どのように対応しろ』というマニュアルはありませんが、起きてしまったトラブル自体よりも、そこに至った経緯・プロセスを見直すように指導されます。新人はミスをして当たり前ですから、そのミスが取り返しのつかないことにならないように先輩が横目でみてくれています。新人が問われるのは、ミスをした場合の原因と対策を学んだか、つまり、失敗した後の姿勢なのです」

つまり現場のミスは、組織力によってカバーされるのだ。

あなたが経営者でもない限り、一人の社員のミスで会社がつぶれることはない。ミスで仮に小さく減点されたとしても、失敗した後の行動しだいで、十分挽回可能なのだ。なぜなら、会社も上司も、ある程度のミスは織り込み済みだからだ。

携帯情報端末パームの生みの親で、シリコンバレーで最も成功したエンジニアの一人と言われるジェフ・ホーキンス氏は、スタンフォード大学での講演で次のように述べている。

「個人と会社を分けて考えるべきだ。君たちは会社そのものではないし、製品そのものでもない。会社で失敗したと思っても、失敗したのは会社や製品であって、君たち個人が失敗したのではない。（中略）ただ、自分が失敗したと感じただけだ」

（スタンフォード大学講演、二〇〇二年十月二十三日、筆者訳）

創業者であるホーキンス氏は、自分の頭の中で、「個人」と「会社」を切り離すように努めているという。自分の創業した会社であれば、なおさら会社の失敗＝自分の失敗と考えがちだが、そう考え出すと、次に挑戦するのが難しくなるからだ。「個人」と「会社」「製品」を切り離せば、「個人」はいくらでも失敗を教訓に挑戦できる。

会社を経営しているホーキンス氏でさえそうなのだ。

何兆円もの売上を誇る大企業の組織の中で小さな失敗をしたところで、会社はビクともしない。それよりも組織が見ているのは、失敗した後だ。失敗は努力しても避けられないが、失敗した後にどういう行動をとるかは、自分で決められる。その学びを自分に生かしているか、組織に生かしているか。そこが勝負なのである。

ベストを尽くした失敗は許される

大企業で自分が失敗したかどうかを測る一つの指標として、人事考課がある。
・リーマンショックを想定できず、自分が所属しているチームが投資した案件で会社に大きな損をもたらしてしまった
・商品が売れなくて、事業部ごと閉鎖になった
・商品を生産しすぎて、在庫の山を抱えてしまった
・子会社でマーケティング費を使いすぎて、会社を赤字にしてしまった
・数十億円かけて制作した映画が、大コケしてしまった

自分の所属している組織が会社に損失をもたらせば、その分チームメンバー全員の評価は低くなる。しかしだからといって、それで会社から切り捨てられるわけではない。

次にチャンスを与えられるかどうかは、その失敗のさなかに「ベストを尽くしたかどうか」を見られるのだという。

電通の曽我有信さんは、ロサンゼルスの会社を清算した後、ニューヨークとロンドンでCFO補佐として仕事をする機会を与えられた。

「ロサンゼルスでは、最後まであきらめずにキャッシュフローを改善すべく、自分がやれることはすべてやりました。もうダメだという時でも、アライアンスなどで乗り切れないか提案したりもしました。会社を清算したときは、『こんなに情熱を傾けられる仕事をするチャンスはもう二度と来ないだろうな』と覚悟しましたが、引き続きニューヨークで、『海外事業を拡大し組織を作る』というやりがいのある仕事を与えてもらえました」

三菱商事の鈴木圭一さんは言う。

「フランスから帰国後、四十歳になって、全くこれまでやったことがなかった新エネルギー開発部門に異動することになりました。『自分が推進した投資案件の責任をとらなくていいのか』と自問自答しましたが、新しい部門が自分の経験を必要としていると聞き、受諾しました。フランスでは、最後まで逃げずに、ありのままの現状と私なりの対応策を東京本社に報告し続けました。最終的に私は任を解かれてしまいましたが、新しい事業を推進する行動力や粘りを見てくれていた人がいたのかもしれません」

逆に逃げるとは、どういうことを言うのだろうか。

「逃げるというのは、責任を部下や現地の人になすりつけたりすることです。自分が当事者ではないという態度をとり続け、自分で汗をかいて元本回収の努力もしないことです」

鈴木さんもまた、自分のやれることはすべてやったつもりだという。

曽我さんや鈴木さんの例は、第二章で紹介したスタンフォード大学の授業で、アーヴィング・グロースベック教授が教えていることの実例ともいえる。

再起できる失敗は、次の二つ。
・最大限の努力をした結果の失敗
・投資家や周りの人に対して、最大限の誠実さを尽くした結果の失敗
これらの失敗は、未来へとつながる失敗なのだ。

●部下の失敗はコントロールされている

先日、マッキンゼーやBCGの卒業生数人と話をする機会があった。

いわゆるプロジェクトリーダーをつとめたことがある人たちばかりだったので、部下が失敗したときどのように対処するのか、聞いてみた。

「私の場合は『ひょっとしたら無理かもしれないけれど、このぐらいなら出来るかも』という難度が高い仕事をお願いしてみますね。コンサルタントの能力は人によって成長度合いが全然違いますから、最初から最高レベルの仕事が出来る人もいれば、初級レベルしか

出来ない人もいる。まず最高レベルをお願いしてみて、出来る人にはどんどんまかせる。出来ない人には、少しずつ難度を下げて仕事をお願いするというのが私のスタイルです」

というのは元マッキンゼーのYさん。どういう失敗をするか想定した上で仕事を割り当て、出来ない場合は自分がすべてフォローする体制を整えているのだという。

元BCGのTさんは、経営コンサルティングのプロジェクトで最も難しいのは、クライアントマネジメントをどこまで部下にまかせるかだという。

「実は最もフォローが難しいのは、クライアントを怒らせてしまう、クライアントと意思疎通がうまくいかない、といったお客さんとのコミュニケーションの失敗です。分析の間違いであれば自分が修正すればいい話ですし、会社に損害を与えることはありません。しかしクライアントマネジメントの失敗は、修復するのがとても大変なので、メンバーにまかせるときは特に気を遣っています」

元BCGの方健太郎さんは、部下の特性によって割り振る仕事を調整していたという。

「プロジェクトリーダーだったときは『部下の失敗は自分の失敗だ』という前提で仕事をお願いしていました。分析が遅い人に無理矢理分析をやらせることはあまりしませんでした。失敗する確率が高くなるし、失敗すると萎縮してしまうからです。それよりは、分析はいいから関係者インタビューをやって、というように得意な分野を伸ばす方針にしていましたね」

このように、異なる経歴とスキルを持った人が集まる外資系の経営コンサルティング会社では、部下の失敗は上司によってコントロールされている。

人を長期にわたって育てていく終身雇用制の日本の大企業であればなおさらそうだ。

入社二年目の人は一年目の仕事は出来るだろうし、五年目の人であれば四年目の人の仕事は全部こなせるだろう。つまり、部下が失敗しても必ず上司がフォローできるようになっている。少し無理な仕事を割り振られても、それは多くの場合、上司がどこまで出来るのか試しているのにすぎない。失敗することを想定した上で、仕事をお願いしているのだと認識していれば気持ちも楽になる。

そして、もし失敗しそうだと感じたときは、早めに助けを求めることだ。上司にとって最も困るのは、「できます」と言っていた部下から期日直前になって「できませんでした」と泣きつかれることだ。

それよりも、「無理目の仕事を成長のためにお願いされているのだ」と理解し、出来そうになかったら早めに周りに助けを求める。そのほうが上司も助かるのだ。

「手伝ってください」「助けてください」と申し出ることは全然恥ずかしいことではない。むしろ、失敗をコントロールする側の上司にとってはありがたいことなのだ。

●バックアッププランを用意する

今回、世界で活躍する数多くの日本人起業家の方々を取材させていただいたが、起業の際にとても重要なのは「バックアッププラン」を用意することだという話が印象的だった。

シリコンバレーでジョブアライブを起業した元グーグルの石角友愛さんは、ITのプロダクト開発の現場では、「Aがうまくいかなかったとき、Bをすぐ試す」というように、バックアッププランをつくっておくのが普通だという。

「バージョン・コントロールと似ていますが、試作品をつくって市場に出すときに、Aがうまくいかなかったときに、少しの修正で、Bを試せるような設定にしておきます」

製品だけではなく、シリコンバレーでは、およそ九〇%のスタートアップ企業が、起業時の事業内容を軌道修正すると言われている。石角さんは続ける。

「たとえば下着を販売していた会社が女性向けオンラインマーケティングの会社に変わる

とか、シリコンバレーのスタートアップ企業では、事業そのものもユーザーの反応を見ながら柔軟に変更していくのが普通です。私の会社も、これから少しずつ軌道修正していくと思います」

中国で游仁堂《ヨーレン》を起業した元マッキンゼーの金田修さんは、一つのビジネスモデルに固執しないようにしている。成長著しい中国では、シリコンバレーと同じで、ビジネスのニーズが常に変化し続けるからだ。

「游仁堂のコアとなる事業は、この二年間で四回ぐらい変わっています。今後も市場のニーズにあわせて変わり続けると思います。一つのビジネスがたとえうまくいっていても、いつでも次のビジネスに挑戦できるような体制とネットワークをつくっておくことが大切だと思っています」

バックアッププランを用意するということは、あらゆる事態を想定して柔軟に考えるということだ。想定内であれば失敗する確率は低くなるし、失敗しても落ち着いて対処ができる。

このバックアッププランを作成することの大切さを私が学んだのは、ＮＨＫ時代だ。生放送やロケの現場では、何が起こるか分からない。

雨が降るかもしれないし、出演者が急に屋外で撮影したくないと言い出すかもしれないし、その場で建物の管理者から撮影NGと言われるかもしれない。

現場ではとにかくありとあらゆることが起こるのだが、そこを臨機応変に対応していくのがディレクターの仕事なのだ。外でのロケのときには必ず、晴天用と雨天用の二パターンの台本を用意してもっていくのが基本で、こうしたバックアッププランはロケのときのお守りのようなものだった。

それでも想定外のことが現場ではどんどん起こる。新人のころはそのたびにパニックになったものだ。しかし経験を重ねると、頭の中にバックアッププランが蓄積されてきて、現場で何が起きても驚かなくなった。逆に想定外のハプニングを楽しめるようにもなった。すると、現場でどんどん代替案がうかぶようになったのだ。

想定外のことが起きたり、制約が出来たりすると、逆に創造性が生まれる。人生も仕事も台本どおりには進まない。そう認識して、お守りとしてバックアッププランを用意しておくと、少しぐらい失敗しても落ち着いて対処できるようになる。

●そこは失敗できる環境か？

「若者よ、挑戦せよ！」と言われても、減点主義の会社でむやみに挑戦などしたら、それこそ出世に響く。日本の大企業では特に「大きな成功もないけど、大きな失敗もない人」がトップになることが多いとも聞く。中間管理職が大きな力を持ち、組織力で勝負する日本の大企業では、無難なミスターXでいることが出世の近道である場合もある。そんな企業で下手に目立つと、足をすくわれることもある。

もちろんアメリカの経営大学院で教えているように、リーダーは新しいことに挑戦するべきだし、変革をもたらすべきだ。しかし挑戦する前に今一度、自分の働いている環境が、失敗できる環境かどうかを見極める必要がある。

もしあなたが若手社員であれば、文句なく失敗できる環境にある。それはあなた自身が成長過程であると、社内の誰もが認めているからだ。

管理職になって事業責任が伴ったときはどうだろうか。たとえば、成熟産業の「お役所のような企業」で新規事業を自ら提案することは得策だろうか？　この場合は、今、自分がいる国、業界、部署などが、「成長しているかどうか」が鍵になる。

本書で取材させていただいた外資系企業出身の方々が所属していたのは、いずれも成長企業だ。グーグル、マッキンゼー、ＢＣＧ、ゴールドマン・サックスなど、どの企業も右肩上がりで成長している。そして、彼らが今活躍しているのは、アフリカ、ラテンアメリカ、インドネシア、中国、アメリカのシリコンバレーなど、いずれも成長している市場だ。日本企業の駐在員・元駐在員の方々も、メキシコ、東南アジア、ロシアなど、新興国で活躍された方が多い。

やはり、成長していない環境で、挑戦はできないのである。

最も分かりやすい例を考えてみる。あなたがもしリストラ部署の部門長だったら、どうだろうか。何を挑戦しろというんだ、と思うに違いない。

アメリカのカリフォルニア大学バークレー校ハース経営大学院のアンドリュー・アイザックス兼任教授は、次のように語っている。

「キャリアを選ぶときは、歴史の中で、正しい方に身を置きなさい。具体的には成長企業、あるいは、ターンアラウンドしているなど、大きな転換点を迎えている企業だ。歴史の流れにのれば、君たちは、より大きな影響を与えられる」

（『世界最高ＭＢＡの授業』佐藤智恵著、東洋経済新報社）

エリートになるとは、自ら挑戦と失敗ができる環境を自分に用意することだ。

本書で紹介したグローバル企業の人たちが、海外で新しい事業に挑戦しているのは、そのことを如実に物語っている。

●挑戦しないことは最大のリスクになる

もし自分の働いている環境が「成長市場」であれば、挑戦しないことは大きな機会損失となる。たとえばグーグルのような成長著しいＩＴ企業で言われたことだけをやっていたら、おそらく社内では全く評価されないだろう。

そもそもこういう会社は、受け身で仕事をする人を雇用しない。仕事は自分でつくるのが前提だからだ。グーグルグラスや無人自動車を開発するような会社で、失敗を恐れて挑戦しないなどということはありえないのだ。

マッキンゼーやＢＣＧのようなトップコンサルティング会社でも、同様だ。

元マッキンゼーの金田修さんが言うように、マッキンゼーでは「リスクテイクはリワードする」。

つまり、挑戦する人はどんどんチャンスが与えられ、挑戦しない人は成長していないとみなされ、評価も低くなる。特に金田さんのように海外プロジェクトに挑戦した人は、高い評価を得て、若くてもパートナーに抜擢される可能性が高い。

元ＢＣＧの樫山雄樹さんが新人時代の失敗として「海外プロジェクトに積極的に参加しなかったこと」をあげるのは、自分がもう少しで「仕事が出来ない新人」という烙印を押され、プロジェクトを終えてから様々な形で機会損失をする恐れがあったことを知ったからだ。

日本企業でも、特に新興国勤務となれば、会社から挑戦することを求められる。

三井物産の山本伊佐子さんは振り返る。

「私も二十代のとき、ウクライナの事務所で言われたことだけを忠実にやって失敗してしまいました。海外での仕事は地域特性もありますし、とにかく『現地に行ってみないと分からないことばかり』なのです。そこで何もしないというのは、大きなリスクとなるのです」

前出のソニーの谷村秀樹さんは、日本に帰国した今も、メキシコで低所得者層へのマーケティングに挑戦した試みは無駄ではなかったと信じている。

「低所得者層へのマーケティングは、グローバル企業共通の課題です。危険も伴いますし、誰も手をつけたがらなかった顧客層ですが、スラムの人たちの家を一軒、一軒、訪問して、初めて分かることもたくさんありました。この経験が次に私が他の新興国に駐在したときに必ず生きるはずです」

自分が挑戦できる環境にいながら、挑戦しなかった後悔というのは、いつまでも残るものだ。そしてそこで挑戦しないことは大きなリスクともなる。

●それでも失敗は避けられない

今回の取材で、全員に「海外で活躍するグローバル人材になるために、失敗はしたほうがいいのか」という質問をした。

その問いに対し、「やみくもに挑戦して、あえて失敗する必要はないが、失敗は避けられないことを認識しておくことは必要だ」と答えてくれた人が多かった。

三井物産の千歳敦子さんは言う。

「失敗というものは、意図的にできるものではありません。例えば、ある会社に投資するか、しないかと決めるときでも、投資する理由はたくさんあるし、逆に投資しない理由も同じくらいある。でも最後は自分の判断を信じて、失敗することも織り込み済みで、挑戦するしかないと思うのです」

元ＢＣＧの樫山雄樹さんは新人時代に、チームミーティングで得意の分析結果を矢継ぎ早に披露した際、外国人パートナーから流暢な日本語で言われた言葉を今でもよく覚えている。

「カシヤマさんは、情報の洪水の中で、デキシ（溺死）していますね。クライアントへの愛が感じられません」

情報量の多さで勝負した内容で、チームミーティングで披露する資料としては申し分ない、という自信があっただけに、パートナーの言葉は樫山さんの心に響いた。

「失敗のまっただ中にいると、『もうやってられない』と周りが見えなくなります。でも新人時代の失敗なんて、一、二年も経つと笑い話です。失敗は避けられないと認識した上で、出来る限り挑戦したほうがいいと思います」

トヨタ自動車の田上康成さんは、トヨタのカイゼンは、社員が失敗することを前提につくられているという。

「人間なので、必ずミスをする、という前提に立っています。ミスをしてしまったのはしようがない、それをどう改善するか、というのが重要なのです。改善できない人は、トヨタでは認められません」

一口に失敗といっても、単純な不注意からおこるミスから事業損失まで、レベルは違うが、どれも仕事をしていく以上、避けられないものなのである。

だから、失敗を避けることばかりを考えてもしようがない。どれだけ入念に準備をしても、失敗するときはする。要は、その事実を認識した上で、失敗に直面したときにどう次につなげられるかが重要なのだ。

第六章

失敗力を鍛える

●「私、失敗しないので」

二〇一三年のヒットドラマ『ドクターX〜外科医・大門未知子〜』（テレビ朝日系）と『リーガルハイ』（フジテレビ系）。

この二つのドラマには共通点がある。それは主人公が仕事で「失敗しない」ことだ。「私、失敗しないので」

米倉涼子演じる『ドクターX〜外科医・大門未知子〜』の主人公、大門未知子は、特定の病院や医局に属さないフリーランスの外科医。大病院の医師たちが失敗を恐れてやらないような手術を、「絶対失敗しないので」と言い放ち、次々に成功させる。

堺雅人演じる『リーガルハイ』の主人公、古美門研介《こみかどけんすけ》は、裁判で絶対に負けない弁護士。自ら弁護士事務所を経営し、人権や正義などとは関係なく、あらゆる手段を使って、訴訟に勝ち続ける。二人とも既存の組織や権威などをものともせず、実力だけを武器に勝負に勝ち続け、多額の報酬を得るのも共通している。

失敗しない主人公の元祖といえば、九九%の狙撃率を誇るスナイパー、ゴルゴ13こと、デューク東郷だろう。漫画『ゴルゴ13』（さいとう・たかを作）は、一九六八年以来四十五年間にわたって、『ビッグコミック』（小学館）に連載。「失敗しない」狙撃手の物語は、今も変わらぬ人気を誇る。

失敗しない人は、今も昔も憧れの的。現実には存在しえないことが分かっていても、「絶対に負けない人」が主人公のドラマや漫画は日本人の私たちにカタルシスをもたらしてくれることは間違いない。失敗しない人への憧れは、失敗を恐れる気持ちの裏返しでもある。

二〇一三年に前述の二つのドラマが高視聴率を獲得したことは、失敗したくても失敗できない日本人の閉塞感のあらわれと言う人もいるが、失敗を恐れるのはどの国の人も同じ。アメリカ人だって、ヨーロッパ人だって、会議で緊張のあまり顔を真っ赤にしながら、プレゼンテーションをすることだってある。

ただ、日本の環境と違うことがあるとすると、第一章や第二章で伝えたとおり、欧米の人たちのほうが大学や大学院で、失敗について体系的に学ぶ機会が多いことがあげられる。つまり彼らは学生時代に、失敗を肯定的にとらえる考え方や、失敗から立ち直る術を意識的に学び、社会に出る前に失敗力を鍛えているのだ。

本章では、世界で活躍するエリート流の失敗力の鍛え方をまとめてお伝えする。

●失敗したら早く修復せよ

フランスの経営大学院ＩＮＳＥＡＤのピーター・ゼムスキー教授は、二〇一二年の入学オリエンテーションで、次のように述べたという。

「失敗から立ち直る秘訣は、早く失敗して、早く修復することだ」

今回取材させていただいた人たちに共通して言えるのが、この修復をすばやく出来ることだ。元マッキンゼーの金田修さんは、特に切り替えが早い。

「何か失敗するようなことがあっても、三十分も落ち込まないようにしています。中国で、一つのことに一喜一憂していては、ビジネスになりません」

元グーグルの石角友愛さんも、どんなに落ち込んだとしても、行動することはやめないことにしている。

「行動することにのみ、答えはあると信じています。目の前に仕事があるだけでもありがたい……そう思って、進み続けるのです」

三井物産の山本伊佐子さんは、失敗したときの自分の修復方法を認識しておくことが大切だと語る。

「この仕事がうまくいかなかったら、誰に事情を説明して、どういう行動をまずとるべきか。それを想定した上で、仕事をするようにしていますね」

山本さんは、リーマンショックが起きた年、ロシアで自動車・建設機械事業に投資をする会社で、傘下の子会社の管理や内部統制を担当していた。このときも、落ち着いた対応をして難を逃れた。

「リーマンショックの余波はロシアにはじわじわ来たので、あまりバタバタすることはなかったです。建設機械の子会社のキャッシュがショートしそうになり、緊急融資を行ったことがあったのですが、その時は建設機械の子会社と密に連絡を取って、どのタイミングでお金が足りなくなりそうか、Xデーを予測しました。その上で本店やロンドンとも協議して、必要な社内手続きや送金のタイミングなど、Xデーから逆算して間に合うように準備をしていました」

山本さんは想定外のことが起きたとき、次の三原則で対応すると決めている。

「問題になりそうなことは前広に相談する（隠さない）、十分に落ち着いて準備をする（慌てない）、それでも不測の事態に備えて別のリカバー方法なども考えておく（侮らない）。この三原則を守るよう、心がけています」

スタンフォード大学のジェフリー・フェファー教授が言うように、組織の中で失敗したときに、初動の遅れは、事態をどんどん悪くする。

まずは、状況を客観的に分析して、出来るだけ多くの人に説明してまわること。それが素早い修復へとつながる。

「置かれた状況を感情的にならずに見つめることができれば、次にどうすべきかを戦略的に考えられるようになる」（『「権力」を握る人の法則』ジェフリー・フェファー著、村井章子訳、日本経済新聞出版社）のだ。

失敗したと思ったとき、精神的に苦しい思いをするのは、誰も同じだ。しかし、そこでうずくまってしまうと事態は悪くなるばかりだ。世界の第一線で活躍できる人とできない人との違いは、失敗した後にすぐさま立ち直る「行動力」だったのである。

むやみに謝罪しない

自分のミスが原因で、周りの人に迷惑をかけてしまったとき、日本人であれば、潔く謝罪しなくては、と考えるのが常だろう。謝ってしまったほうが、周りの人から協力してもらいやすくなるし、早く失敗を修復できる、と考えてしまいがちだ。

しかし、謝罪は、時として自分にも会社にも大きな損害をもたらすことになる。

スタンフォードのジェフリー・フェファー教授が述べているとおり、謝罪する＝非を認めるという行為には、周りから責任をなすりつけられるというリスクがともなう。日本人の美徳が、海外では通用しないことは多々あるのだ。

私が外資系企業の日本支社で働いていたとき、アメリカ本社のスタッフがどんなにヘマをやっても、締切に遅れても、絶対に謝らなかったのを思い出す。メールで「次回からこういう風にしてほしい」と書いたところ、「この人の英語の表現は失礼だ」と私の知らぬところで日本支社の上司に告げ口され、倍返しされてしまったことさえある。自分の非を認めてしまうと、解雇される原因になってしまうからだ。

これが事業や製品の失敗となればなおさらだ。トヨタ自動車の田上康成さんは、対外的に状況を説明するときには、むやみに謝らないことが鉄則だという。

「アジアのパートナー企業との交渉で、謝罪は時としてリスクとなります。責任がすべてこちらにあると認めることになりますから。それよりも、客観的な事実を相手に示すことです」

謝罪は、時と場合と相手を選んで行うべきものなのだ。

●人に話して自分を修復する

失敗に伴うダメージから回復するには、人に話すのが一番だ。一人で失敗を抱え込んでしまうと心が負のスパイラルに陥り、立ち直るのが難しくなってしまう。

三菱商事の鈴木圭一さんは、フランスから帰国後、社内外のメンターに相談することで精神的な落ち込みから脱することができた。メンターは、皆、とても温かかったという。

「鈴木、フランスでは、よくがんばったじゃないか。でもあれは、お前が最初に手がけた案件だ。担当からはずれても、常に心にとめておけ」

「あの案件は失敗だ。あのまま担当し続けていたら、今のお前はなかったかもしれない。これを教訓にこれからも商事でがんばっていけ」

日本企業でも、外資系企業でも、自分が落ち込んだときに力になってくれるメンターをもっておくことは必要不可欠だ。年を重ねれば重ねるほど、失敗体験は多くなるわけだから、メンターはそれを乗り切る知恵もたくさん持っている。今、企業のトップになっている人で失敗していない人などいないはずだ。

鈴木さんは、家族にも相談することにしている。

「子どもはまだ小学生ですが、たまに本質をついて、どきっとするようなことを言いますね。子どもや妻の何気ない一言で救われたりします。商社の社員は、家族の支えなくして、世界で戦えないと私は思います」

社内のメンターや家族に加え、海外で威力を発揮するのが日本人同士のネットワークだ。

「アフリカにいると、日本人同士のネットワークがとてもありがたいんです。母国語で話さないと分かってもらえないことってたくさんありますから」

と言うのは、国際金融公社の小辻洋介さん。落ち込んだときに相談するのは、同じアフリカでがんばっている日本人の人たちだ。特に、農村で活動している海外青年協力隊（JICAボランティア）の若い人たちと話していると、励まされるのだという。

「電気や水道へのアクセスもままならない村で支援活動をしている日本人の方々の話をうかがっていると、自分が落ち込んでいる原因が、些細なことに思えてきます」

アフリカで外国人は、インド人、レバノン人、中国人といったように、国籍ごとにコミュニティーを形成して、助け合いながら生活している。アフリカでビジネスをする上で直面する問題は、皆、同じ。それを一緒に解決するためだそうだ。

失敗したとき最悪なのは、黙り込むこと、抱え込むこと。

前出のハーバードのロバート・スティーブン・カプラン教授が言うように、「Isolation」＝孤立はグローバルリーダーが失敗する大きな要因の一つ。人に話せば、状況は絶望的ではなく、思ったより自分の味方は多いことに気づくはずだ。

●敗因分析をする

失敗して立ち上がってきた人たちに共通して言えるのが、敗因分析をきちんと行っていることだ。例えば上司に怒られたとき、「何だこの上司、許せない」と感情的に反応してしまうのが普通だが、世界で活躍する人たちは、「なぜ怒られたのか、次に怒られないように自分が出来ることは何か」を冷静に分析している。

つまり、自分の失敗を受け入れた上で、内省するのだ。

自分が仕事の優先順位を間違えたのか、自分の判断が間違っていたのか、自分のやる気が足りなかったからか。そして、次に改善できることは何か。この敗因分析が失敗に価値をもたらす。

今回、取材した皆さんには失敗体験を伺うとともに、「なぜ失敗したか」という原因を聞いてみたが、全員がその答えを明確に持っていた。そして、そこから何を学んでどう次へ生かしたかも語ってくれた。中には、敗因分析を文章にまとめて送ってくださった方もいる。

三菱商事の鈴木圭一さんはその一人だ。

「自分の失敗を時系列でふりかえりながら敗因分析をするという作業は、自分のキャリアの棚卸しをする作業でした。今後の自分のキャリアを築いていく上で、とても勉強になりました」

トヨタ自動車の田上康成さんもトヨタ流の敗因分析をレポートにしてまとめてくれた。オーストラリア人の上司に今回の取材内容を報告したところ、大笑いされたという。

「『成功した体験を取材されるというのは分かるけれど、失敗した体験を語るって面白いね』と言われました。自分は決してエリートではないと思っていますが、数多くの失敗をして今の自分があると思っています」

経営共創基盤CEOの冨山和彦さんは著書の中で、失敗を失敗で終わらせないための行動術として「敗因分析」をあげている。そして、成功したときよりも失敗したときのほうが原因がはっきりしている分、学びが多いとも述べている。

「失敗には比較的、はっきりとした敗因がある場合が多いのに対して、成功の多くはいくつかの要因が複合している場合が多く、これという原因を特定することが難しい。いわゆる『負けに不思議の負けなし』である」

（『挫折力――一流になれる50の思考・行動術』冨山和彦著、PHPビジネス新書）

しかしながら、冨山さんも書かれているとおり、敗因分析をするのは難しい。過去の嫌な思い出は出来れば振り返りたくないものだし、エリートコースを歩んできた人ならなおさら自分の失敗など認めたくない。しかし、敗因分析なしには前に進めないのだ。

敗因分析のやり方はさまざまだが、ポイントは、とにかく「客観的」に事実を分析すること。自分の感情をはさまないこと。そして、自分で解決できることに焦点を合わせることだ。

スタンフォード出身の加藤千尋さんによれば、シリコンバレーで失敗した人が、次にもう一度チャンスを与えられるかは、客観的な敗因分析を投資家に伝えられるかどうかにかかっているという。

「『市場が悪かったのです』という説明は、最もやってはいけない説明です。なぜならそれは、起業家が改善できないことだからです。それよりも、創業メンバーの選定が間違っていた、ユーザーのフィードバックを反映できなかったなど、戦略面での失敗を客観的に伝えることが大事です」

「あの人が悪かった」「上司が何もしてくれなかった」「会社のシステムが悪い」など、自分以外のものに原因を求めると、次につながらないのだ。それよりも、自分の中の原因を見出し、どう改善できるかを考えることが大切なのだ。

本書で取材させていただいた方々は、誰一人として失敗を「誰かのせい」「何かのせい」にした人はいなかった。取材をしていて、その謙虚な姿勢に感銘を受けることもしばしばだった。

第一章、第二章でもお伝えしたとおり、失敗から立ち直り、その失敗を学びとして生かし、それをさらに若い人たちに伝えられる人こそ真のグローバルリーダー。そういう意味で、失敗体験を語ってくださった皆さんは、やはり、世界のエリートたちなのである。

●なぜ失敗は成功への近道になるのか

大きな成功を達成するには、階段を一つ一つ登るように小さな成功を積み重ねていくことが大切なように思える。成功は何よりも自信を与えてくれるし、一つ成功すれば、「次も頑張ろう」と挑戦するエネルギーも湧いてくる。

しかし、優れたリーダーに大きな挫折経験をした人が多いように、いくつかの小さな成功を経験するより、一つの大きな失敗を経験したほうが結果として成功に近づく場合がある。失敗によって深く悩み、自分を考察することによって、一気に人間力を高められるからだ。

成功はエネルギーを与えてくれるが、同時に、自分を慢心させてしまうきっかけともなる。そして、その慢心が続くと、積もり積もって取り返しがない大きな失敗となる。自信を持つことは必要だが、自分への絶対的な肯定は、人間を成長させない。

元BCGの方健太郎さんは、一つの失敗が経営コンサルタントを大きく成長させることが多々あるという。

「BCGでは、出来るコンサルタントは多くのアイデアの『引き出し』を持っていると言いますが、クライアントに与えるインサイト（洞察）とインパクトの源泉となるのは、引き出しの多さとそれぞれの引き出しの深さや質なのです。そうした引き出しを身につけるためには、相当の時間、労力、経験が必要ですが、実は器用に成功を重ねるよりも大きな失敗を一つ体験したほうが一気に質の高い『引き出し』を身につけられることが多いのです」

これは経営コンサルティングだけに限らない。どんな仕事でも向き合う相手は人間なのだ。人間力は、商談、交渉、チームマネジメントなど、すべての対人関係に影響をおよぼす。

失敗から学んだ人間は、総じて謙虚だ。謙虚な姿勢は、相手の心を開くことができる。すると、そこに情報が入ってくる。人が集まってくる。そうするとさらにリーダーとして成功するという好循環になるのだ。

孤立、挫折、解雇……。グローバル企業で成功しているリーダーは、そこに至る過程で大きな失敗を経験している人が多い。逆説的にも思えるが、失敗体験が大きな成功への近道であるのも、また真実なのだ。

●失敗を共有するしくみをつくる

社員の仕事上の失敗は、社員個人だけではなく、会社組織にとっても学びとなる。この失敗の数々を会社の共有財産として、生かしている企業がある。

前述したトヨタ自動車や三井物産はその代表格だろう。

海外で活躍する起業家も、自らの会社に「失敗共有システム」を取り入れている。

元マッキンゼーで現在NPO法人コペルニク代表の中村俊裕さんは、四半期に一回の全社員ミーティングで、社員の失敗事例を匿名でシェアすることにしている。

「Eメールの書き方、アウトプット資料の出し方、人間関係まで、様々ですが、実際にあった事例を元に、どう改善したらいいか、みんなで考えるようにしています。これをやるようになって、自分が組織で何を期待されているのか明確になって、組織の結束力が高まったように思います」

元BCGで現在バル・チリ社CEOの樫山雄樹さんは、シリコンバレーにあるBAL本社とバル・チリを結んだ知識共有システム、LESSON-LEARNEDを導入した。

「五十人の社員全員が見られて、書き込めるようになっています。『この業者に荷物を送ったとき、こういうパッケージにしたら通関に時間がかかった』とか、些細なことでも共有してもらうようにしていますし、ＳＯＰ（標準操作手順）に落とし込んで、オペレーション改善にも活用しています。有意義な提言をしてくれた社員に賞を授与したりしていますね」

社員が思いきって挑戦できるかどうかは、経営者がどれだけ失敗できる環境をつくれるかにかかっている。会社が「失敗」を共有知識だと肯定的にとらえれば、社員は前向きに挑戦しやすくなる。そしてそれが、結果的に日本から世界に挑戦できる人材を育てることにつながるのである。

●失敗力を鍛える

本書では、世界で活躍するグローバル人材の要件として、「失敗力」があることを述べてきた。それは、「やみくもに挑戦して失敗しろ」という意味ではなく、自分の置かれている場が挑戦できる場かどうかを見極めた上で、「自らのコンフォートゾーンを抜け出る挑戦をする」という意味だ。挑戦には必ず失敗がつきものだ。失敗したときに正しく立ち直ることも、失敗力を鍛える上で大切なことだ。

昨今、日本の若い世代は、内向き傾向になっているとよく報道されている。

ここに興味深いデータがある。産業能率大学による「新入社員のグローバル意識調査」（二〇一三年七月）によれば、「海外で働きたいと思うか」という質問に対し、五八％が「働きたいとは思わない」と答えている。これは、二〇〇一年度の約二倍だ。テレビや新聞などでは、この部分だけをとらえて、「日本の若者は内向き志向が強まっている」と報道されている。しかし、私が注目したのは、この調査が示したもう一つのデータだ。「どんな国・地域でも働きたい」と答えた人の割合は三〇％。実はこれも二〇〇一年度の一七％から大きく増えているのだ。

この結果が何を意味するかというと、二十代前半の人たちが、ドメスティック派（内向き）とグローバル派（外向き）に、極端に二極化しているということだ。ドメスティック派ばかりが報道されるが、実はグローバル派は新興国でもどこでも働きたいと思っていて、そのエネルギーレベルは世界トップクラスだ。

国際金融公社の小辻洋介さんは言う。

「最近の日本の若者は打たれ弱いと言われますが、アフリカにいるとそれは偏見ではないかと思うのです。例えば、青年海外協力隊の若者が『アフリカでの任務がつらいから』と言って、途中で帰国するという話をほとんど聞いたことがありません。ところが、アメリカの青年海外協力隊とも言えるピースコープ（Peace Corps）の人たちが任期半ばで帰国してしまったという話はよく聞くのです。日本の青年海外協力隊の人たちの忍耐力と精神力には目を見張るものがあります」

私自身、コロンビア大学経営大学院の面接官を担当しているが、留学を志す若い人たちの優秀さに圧倒されてしまうことが多々ある。

今後、この二極化はさらに進み、グローバル派は、世界のビジネスや援助の現場でどんどん研鑽を積み、外向きになり、ドメスティック派はますます内向きになっていくことだろう。ただ、内向き志向の人たちの中には、実は「海外食わずぎらい」の人も多く、実際数週間でも海外で働いてみると、急にグローバル派になって帰ってくることもある。だからこそ、若い人たちが海外で挑戦できる環境をつくることが、ますます必要となってくる。

グローバル人材の育成は、特に日本企業にとって急務だ。ソニーの谷村秀樹さんは言う。

「東京のソニー本社には、海外勤務を希望する若手がたくさんいます。柔軟な発想を持つ若い社員をもっと海外に派遣してほしいなと思います。かつての自分がそうであったように、経験して、失敗して、初めてグローバル市場で勝負することの価値が分かりますから」

電通の曽我有信さんは話す。

「電通がグローバル化を進める上で、社員のマインドセットの変革、グローバル社員の育成、そして、それを管理する人事マネジメント力の強化の三つが急務だと感じています。海外で統合業務をしていて感じるのは、多くの本社社員が若い人たちも含め、いまだ国内事業に注力すべしと思っていることです。二〇一四年には、売上げの半分以上が海外売上になると思います。本社の若手社員には、二、三年のサイクルで海外の事業会社で経営サポートを経験してもらい、管理職にもキャリアに応じた海外研修プログラムを提供することが必要だと思っています」

この本を手にとってくださった方々の多くがグローバル志向の方々だと思う。今は挑戦できない環境にいても、近い将来挑戦したいと思っている人も多いだろう。そうでなければ、自らグローバル人材になるための「失敗力」を鍛えようなどとは思わないはずだ。

世界で活躍している日本人エリートの皆さんも、かつては普通の新人社員であり、普通の二十代の若者であり、読者の皆さんと同じように失敗を重ねてきた。もしあなたが「自分はまだ世界で活躍できていない」と思うのであれば、その差は、置かれた環境に加え、挑戦と失敗を繰り返した数と立ち直り方＝失敗力の差にあるかもしれない。

　内向き志向の人たちに、頭ごなしに外向きに変われ、というのは難しい。グローバル人材になることの価値は、海外に行かないと分からないこともたくさんあるからだ。しかし、ちょっとしたきっかけ、ちょっとした勇気で変わることができるのも事実だ。

　そして、本来なら外向きなのに、内向きになりがちだった人は、この本をきっかけにどうか本来の自分をとりもどしてほしい。自分がいる環境が内向きで耐えられなければ、そこから飛び出すことを考えるのも一考だ。海外勤務を願い出たり、留学したり、自分で起業したり、コンフォートゾーンを抜け出ることはいつでも出来る。それが、世界で活躍するエリートになるための第一歩なのだ。

　本書で伝えたのは、失敗に正しく向き合い、正しく立ち直る方法だ。これが分かれば、失敗をやみくもに恐れたり、避けようとしたりすることはなくなるはずだ。

　急速に変化する世界の中で、今後、グローバル人材は、その失敗力が問われ、経営者は「社員が挑戦できる環境」を用意できるかどうかが問われることだろう。

　日本の皆さんが、本書で紹介した方々と同じように失敗力を鍛え、日本から、これまで以上に多くの優れたグローバルリーダーが輩出されることを願ってやまない。

〈三井物産〉

山本　伊佐子（やまもと・いさこ）
1968年和歌山県生まれ。1992年東京大学法学部卒業後、三井物産株式会社入社。法務部を経て、1994年より2年間、会社の研修プログラムの下、ロシアとウクライナで語学や実務を学ぶ。帰国後、法務部にて海外法務、自動車部でロシア企業買収などに従事した後、2008年、ロシア赴任。Mitsui Automotive CIS Investment B.V.ディレクター、三井物産モスクワ機械課ジェネラルマネージャーを歴任。2011年より、機械・輸送システム本部にて、CIS・欧州・中近東・アフリカ地域を担当。同社初の女性総合職。

千歳　敦子（ちとせ・あつこ）
1972年東京生まれ。1995年東京大学経済学部卒業後、三井物産株式会社入社。情報産業本部でゲームソフトやネットワーク機器の輸入、子会社でベンチャーキャピタル業務に従事。2002年ハーバード大学経営大学院入学。2004年MBA（経営学修士）取得。育児休暇、投資関連子会社の出向を経て、2010年より米国三井物産株式会社ニューヨーク本店にて新規事業開発を担当。2013年より同社シリコンバレー支店のジェネラルマネージャー。ベルモント在住。

〈三菱商事〉

鈴木　圭一（すずき・けいいち）
1969年広島県生まれ。1992年東京大学工学部都市工学科卒業後、三菱商事株式会社入社。開発建設本部、金融事業本部などで、都市再開発事業や企業買収事業などに従事。1999年マサチューセッツ工科大学スローン経営大学院入学。2001年MBA（経営学修士）取得。ニューヨークでのターンアラウンド（企業再生）投資ファンド、M&Aアドバイザリーサービス会社勤務などを経て、2008年フランスの部品メーカーのCOO就任。2009年に帰国後、新エネルギー・電力事業本部にて、ヨーロッパにおける太陽光エネルギー発電事業開発チームリーダーに就任。現在、部長代行として欧州、中東、アフリカ地域の発電事業全般を統括。

日本企業

〈トヨタ自動車〉

田上　康成（たのうえ・やすなり）
1979年千葉県生まれ。2003年同志社大学経済学部卒業後、渡英し、英国エセックス大学国際経営大学院入学。2005年国際経営学修士取得。同年トヨタ自動車株式会社入社。本社海外企画部、豪亜中近東業務部などを経て、2010年、シンガポールのトヨタモーターアジアパシフィック株式会社に出向。現在、ゼネラルマネジャー補佐として、マレーシアの国内販売と事業企画を統括。シンガポール在住。

〈ソニー〉

谷村　秀樹（たにむら・ひでき）
1973年東京都生まれ。1997年慶應義塾大学経済学部卒業後、損害保険会社を経て、1998年ソニー株式会社入社。物流本部、IT＆モバイルソリューションズネットワークカンパニー（CLIE担当）、デジタルイメージング事業本部マーケティング部などで、主に海外の販売会社の売上拡大サポート業務に従事。2006年よりソニーヨーロッパ勤務。2010年よりソニーメキシコのマーケティングディレクター。およそ8年間の海外勤務を経て、2013年帰国。現在、グローバルセールス＆マーケティング本部勤務。

〈電通〉

曽我　有信（そが・ありのぶ）
1965年東京都生まれ。1988年慶應義塾大学経済学部卒業後、株式会社電通入社。スポーツ文化事業局、エンタテインメント事業局などで、映画や音楽などコンテンツを活用した国内外の広告業務に従事。2001年コロンビア大学経営大学院留学。2003年MBA（経営学修士）取得。2004年に再渡米後、ロサンゼルスのエンタテインメント会社のCFO、CEOを歴任。2009年よりニューヨークの電通ネットワーク社にてCFO補佐として電通の海外ネットワークの拡大に貢献する。現在、電通イージス・ネットワーク社CFO補佐。海外勤務は10年におよぶ。ロンドン在住。

方　健太郎（かた・けんたろう）
1972年神奈川県鎌倉市生まれ。1996年東京大学法学部卒業後、運輸省（現・国土交通省）入省。1999年、英国ケンブリッジ大学留学。2000年LLM（法学修士）、2001年MBA（経営学修士）取得。2003年株式会社ボストンコンサルティンググループ入社。2006年よりパリオフィス勤務。大手通信会社の国際展開戦略、ハイテク企業の成長戦略などのプロジェクトに従事。2010年、フランスにて、エクサパートナーズ（EXA Partners）共同創業。創業者兼パートナーとして、日本、ヨーロッパ、アメリカの様々なスタートアップ事業を立ち上げる。パリ在住。

〈ゴールドマン・サックス〉

小辻　洋介（こつじ・ようすけ）
1977年福井県生まれ。2001年東京大学法学部卒業後、ゴールドマン・サックス証券株式会社投資銀行部門入社。企業のM&A、資金調達のアドバイザリー業務に5年間従事。2006年ハーバード大学経営大学院留学。2008年MBA（経営学修士）取得。同年、世界銀行グループの国際金融公社（IFC）農業ビジネス部門に入社。2009年よりセネガル事務所、2013年よりケニア事務所勤務。サハラ以南アフリカの農業・食品企業への投融資案件を担当。ケニア在住。

〈グーグル〉

石角　友愛（いしずみ・ともえ）
東京都生まれ。2005年、米国オクシデンタル大学卒業後、東京にてサロップ・アンド・カンパニー社創業。ベンチャー企業のインキュベーション事業を行う。2008年ハーバード大学経営大学院留学。2010年MBA（経営学修士）取得。2011年、アメリカのグーグル本社入社。シニアストラテジストとして、オペレーションの改善を行う。2012年、シリコンバレーにて、ジョブアライブ社（JobArrive）創業。現在、同社創業者兼CEO。主な著書に『ハーバードとグーグルが教えてくれた人生を変える35のルール』（ソフトバンククリエイティブ）などがある。シリコンバレー在住。

外資系企業出身者

〈マッキンゼー・アンド・カンパニー〉

金田　修（かねだ・おさむ）
1974年神奈川県生まれ。1997年東京大学経済学部卒業後、大蔵省（現・財務省）入省。2000年、ロチェスター大学経営大学院留学。2001年MBA（経営学修士）取得。同年、マッキンゼー・アンド・カンパニー日本支社入社。2007年同社最年少パートナー（当時）に就任。アジア・中国マーケットのスペシャリストとなる。2011年、中国にて、游仁堂（Yo-ren Limited）創業。現在、同社CEO。上海在住。

中村　俊裕（なかむら・としひろ）
1974年愛媛県生まれ。主に大阪で育つ。1997年京都大学法学部卒業後、英国ロンドン大学経済政治学院留学。1998年比較政治学修士号取得。国連難民高等弁務官事務所（UNHCR）インターンや国連社会開発研究所研究助手などを経て、2001年マッキンゼー・アンド・カンパニー日本支社入社。2002年同社退社後は、国連開発計画（UNDP）にて開発援助業務に従事。東ティモール、シエラレオネなどに駐在。2009年、国連開発計画在籍中にニューヨークにてNPO法人コペルニク創立。現在、創立者兼代表。2012年、世界経済会議（ダボス会議）のヤング・グローバル・リーダーに選出。インドネシア在住。

〈ボストンコンサルティンググループ〉

樫山　雄樹（かしやま・ゆうき）
1977年神奈川県生まれ。2000年東京大学工学部卒業後、株式会社ボストンコンサルティンググループ入社。通信・ハイテク・製薬企業等の研究開発・新規事業などのプロジェクトに従事。2005年、カリフォルニア大学バークレー校ハース経営大学院留学。2007年MBA（経営学修士）取得。2007年卒業後、アメリカ・シアトルにて、バイオ・アーキテクチャー・ラボ（Bio Architecture Lab）を共同創業。2008年までCEOを務めた後、南米チリに開発技術の事業化のための子会社バル・チリ社（BALChile）を設立。バイオ・アーキテクチャー・ラボから移籍し、2010年バル・チリ社のCEOに就任。チリ在住。

協力者プロフィール（登場順、2013年11月現在）

ハーバード／スタンフォード

湯浅　エムレ　秀和（ゆあさ・えむれ・ひでかず）
1985年トルコ生まれ。トルコ人の父親と日本人の母親のもとに生まれる。2008年米国オハイオ州立大学経営学部卒業後、デロイトトーマツコンサルティング株式会社、KPMGマネジメントコンサルティング株式会社にて、コンサルタントとしてPMI（経営統合）や海外進出プロジェクトに従事。2012年ハーバード大学経営大学院留学。2014年MBA（経営学修士）取得予定。ボストン在住。

三宅　博之（みやけ・ひろゆき）
1986年京都府生まれ。2003年に東京学芸大学附属高校を中退しカナダの高校に留学。2008年米国マカレスター大学経済学部卒業。2009年マッキンゼー・アンド・カンパニー日本支社入社。コンサルタントとして、製薬企業の組織設計や食品企業の戦略策定などのプロジェクトに従事。2012年ハーバード大学経営大学院留学。2014年MBA（経営学修士）取得予定。ボストン在住。

加藤　千尋（かとう・ちひろ）
1982年滋賀県生まれ。2005年京都大学理学部卒業、2007年京都大学大学院理学研究科修士課程修了。同年、大手経営コンサルティング会社の日本支社に入社。コンサルタントとして、日本、イギリス、インドにてハイテクやヘルスケアなどのプロジェクトに従事。2011年スタンフォード大学経営大学院留学。2013年MBA（経営学修士）取得。現在、同コンサルティング会社のシリコンバレーオフィスに勤務。パロアルト在住。

PHP
Business Shinsho

佐藤　智恵（さとう・ちえ）
1970年兵庫県生まれ。1992年東京大学教養学部卒業後、NHK入局。報道番組や音楽番組のディレクターとして7年間勤務した後、退局。2000年1月コロンビア大学経営大学院留学、翌年5月MBA（経営学修士）取得。2001年株式会社ボストンコンサルティンググループ入社。経営コンサルタントとして、通信・メディア分野を専門に、様々なプロジェクトに携わる。2003年同社退社後、外資系テレビ局等を経て、2012年より、ビジネス書作家／コンサルタントとして独立。主な著書に『ゼロからのMBA』（新潮社）、『外資系の流儀』（新潮新書）、『世界最高MBAの授業』（東洋経済新報社）、編集・翻訳書に『世界最高峰ビジネススクールの「人生を変える言葉」』（早川書房）がある。MBA・キャリア・経営関連の執筆・講演・メディア出演多数。2004年よりコロンビア大学経営大学院の面接官も務めている。

帯写真：Cultura Creative／アフロ

PHPビジネス新書 309

世界のエリートの「失敗力」
彼らが〈最悪の経験〉から得たものとは

2014年2月3日　第1版第1刷発行
2014年5月9日　第1版第7刷発行

著　者　佐藤智恵
発行者　小林成彦
発行所　株式会社ＰＨＰ研究所
東京本部　〒102-8331　千代田区一番町21
新書出版部　☎03-3239-6298（編集）
普及一部　☎03-3239-6233（販売）
京都本部　〒601-8411　京都市南区西九条北ノ内町11
PHP INTERFACE　http://www.php.co.jp/
装　幀　齋藤 稔（株式会社ジーラム）
組　版　朝日メディアインターナショナル株式会社
印刷所　共同印刷株式会社
製本所　東京美術紙工協業組合

ISBN978-4-569-81726-2

「ＰＨＰビジネス新書」発刊にあたって

わからないことがあったら「インターネット」で何でも一発で調べられる時代。本という形でビジネスの知識を提供することに何の意味があるのか……その一つの答えとして「**血の通った実務書**」というコンセプトを提案させていただくのが本シリーズです。

経営知識やスキルといった、誰が語っても同じに思えるものでも、ビジネス界の第一線で活躍する人の語る言葉には、独特の迫力があります。そんな、「**現場を知る人が本音で語る**」知識を、ビジネスのあらゆる分野においてご提供していきたいと思っております。

本シリーズのシンボルマークは、理屈よりも実用性を重んじた古代ローマ人のイメージです。彼らが残した知識のように、本書の内容が永きにわたって皆様のビジネスのお役に立ち続けることを願っております。

二〇〇六年四月

ＰＨＰ研究所